湿热证治高手

薛雪

李成 编写

吉林出版集团股份有限公司
全国百佳图书出版单位

图书在版编目（CIP）数据

　　湿热证治高手　薛雪 ／ 李成编. -- 长春 ：吉林出
版集团股份有限公司，2020.2（2023.5重印）
　　ISBN 978-7-5581-7914-3

　　Ⅰ．①湿… Ⅱ．①李… Ⅲ．①薛雪（1661-1750）-
传记 Ⅳ．①K826.2

　　中国版本图书馆CIP数据核字(2019)第260562号

湿热证治高手
薛雪
SHIRE ZHENGZHI GAOSHOU
XUE XUE

| 编　写 | 李　成 |
| 策　划 | 曹　恒 |

责任编辑	黄　群
	林　琳
封面设计	MM末末美书

开　本	710mm×1000mm　1/16	出版/发行	吉林出版集团股份有限公司
字　数	75千	地　址	吉林省长春市福祉大路5788号
印　张	8	邮　编	130000
版　次	2020年2月第1版	电　话	0431-81629968
印　次	2023年5月第2次印刷	邮　箱	11915286@qq.com

| 印　刷 | 三河市金兆印刷装订有限公司　ISBN 978-7-5581-7914-3　定　价 39.80元 |

前言

　　中医文化是中国优秀传统文化的重要组成部分，具有创新文化的潜质。中医学是中国传统科学中沿用至今的富有中国文化特色的医学，它具有完备的理论体系，独特的诊疗方法和显著的临床疗效等特征。在中华民族五千年的历史长河中，中医学始终担负着促进人身健康的重要角色，是中华民族长期同疾病作斗争的智慧结晶，它为中华民族的繁衍、昌盛提供了重要保障。

　　《湿热证治高手　薛雪》这本书主要收录了薛雪的成长经历和奇闻逸事等。读者通过这些故事，可以了解中医名家救死扶伤、拯救天下苍生的医德精神和中医文化的博大精深。

本书内容通俗生动，易于读者阅读。书中配以与中医文化知识相关的图片，并选取了具有代表性的江南水乡和薛雪出生地的特色风光作为跨页大图，使本书的内容更加生动传神，更具亲和力和吸引力。本书不仅是为了让读者了解中医文化，更是为了讲好"中国故事""中医故事"。

　　希望通过本书，读者对优秀中医文化会有更加深刻的了解和认识，能够更加热爱中医文化。通过我们对医学名家的传颂，优秀的中医文化必将再放异彩。

目录

MU

LU

　　薛雪（1681—1770 年），清代医学家，字生白，号一瓢，江苏苏州人。著有《湿热病篇》《医经原旨》《薛一瓢医案》等。

第一章

薛雪与温病四大家

清代有这么一位医生，善作诗，善画兰花，善书法，又善骑射拳脚，文武双全，博学多才，在医学上的成就却是无心插柳，成为湿热病方面的权威，与叶桂、吴瑭、王士雄并称"温病四大家"，他就是薛雪。

清代，随着印刷技术成熟，再加上社会背景等原因，无数前人的医书被印制。更多当代医家立传著述，阐述各家思想，也因此使得更多的人可以学习中医，所以名医辈出，百花争艳。这些医生中的一部分，并非从小跟随师父学习医术，而是为了追求功名，先学习的儒家学术，在久不得志后，又因其他种种不同原因，转身钻研医术。这些人中有些并未拜师学习，而是自学成才；有些自学之余又遍访名师，多处拜师学艺，寻求医术的精进。生活在康乾盛世的薛雪，就是一位自学成才的名中医。

那个时候，中医学已经发展得相当细

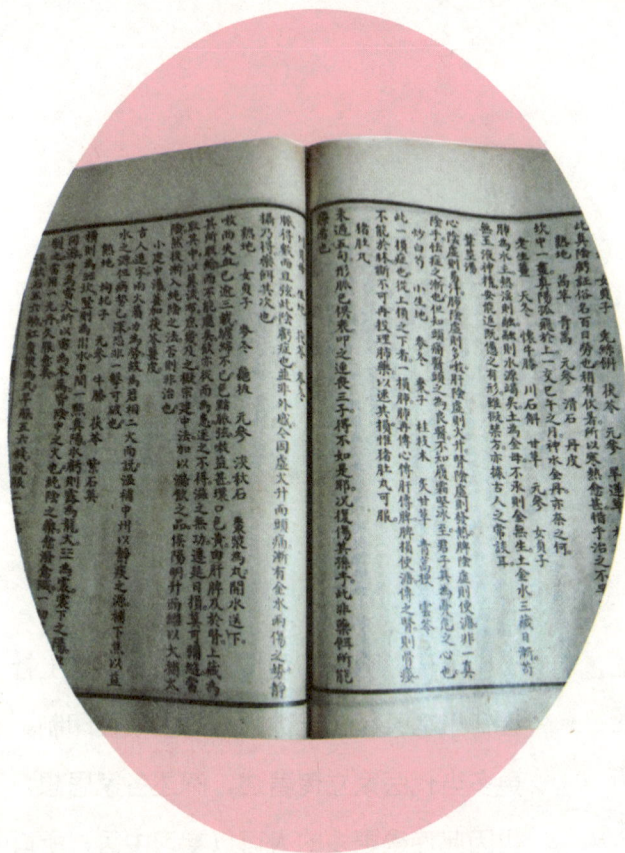

湿
热
SHI
RE
证
ZHENG
治
ZHI
高
GAO
手
SHOU

2

薛
XUE
雪
XUE

《薛生白医案》内文

　　致了，那一时期产生并迅速成熟的温病学派更是名家辈出。在众多的温病学派名医中，有这样一位医家，非常与众不同。他多才多艺，一生崇尚自由，甚至古代至高无上的君主——皇帝两次请他去做官都被他拒绝了。虽然他是一代名医，清代著名的温病学医家，但他自己却不愿承认医生这个身份。他就是清代诗人、温病学医家薛雪。

　　《苏州府志》记载："薛雪，字生白，又号一瓢老人，精于医术，好学能诗。"《清史稿》记载薛雪"于医，时有独见。断人生死不爽，疗治多异迹"，被称为"吴中名医"。

简陋的小屋

　　薛雪的号为什么是"一瓢"呢，难道真的是饮水的那个瓢？其实，关于薛雪号一瓢有两个说法。一是《宋元明清名医类案》中提到，薛雪"有先贤颜子之乐，故又号'一瓢'云"。《论语》中孔子赞扬颜回："贤哉回也，一箪食，一瓢饮，在陋巷。人不堪其忧，回也不改其乐。贤哉，回也。"孔子的意思是说，颜回的品质是多么高尚啊！一箪饭，一瓢水，住在简陋的小屋里，别人都忍受不了这种穷困清苦，颜回却没有改变他好学的乐趣。颜回的品质是多么高尚啊！薛雪效仿颜回的节操，以表达自己的志向，无论什么情况，他都像颜回一样没有改变自己好学的乐趣，也没有减少对知识的渴望。

第二种说法出自《吴县志》，这种说法颇具故事性。《吴县志》说薛雪"偶遇异僧，身挂一瓢，镌七字曰'吃尽天下无敌手'，雪奇之，邀至家共饮。以瓢注酒容一斤。僧尽三十六瓢，雪仅一瓢，遂以自号"。据传说，有一天薛雪外出游玩，他潇洒地走在街上，欣赏着多日梅雨之后放晴的江南好风光，感受着阳光洒在脸上的温暖，心里掸掉了多日梅雨所积压的灰尘。这一刻，薛雪的心情也舒畅起来。走着走着，薛雪看见在他的前面聚集了一些人，这些人跟在一人身后，指指点点，低头小声地谈论着什么。心情好的薛雪也来了兴致，加紧几步赶了上去，也想凑凑热闹，看看发生了什么。只见在人群前面走着一位衣着褴褛的云游僧人，这个僧人并没有做什么特别的事情，只是在身上背了一个竹杖，竹杖上面挂着一个大酒瓢，酒瓢贴在背上，突出的一面向着外面，酒瓢上面随意地写着"吃尽天下无敌手"七个大字。薛雪一看，原来人们指指点点的是这么回事，顿时来了兴趣。薛雪原本就是一个喜欢饮酒之人，见到此事，心中更是好奇，于是便加快脚步走上前去，与僧人攀谈起来。"师傅好，敢问师傅从何处来啊？"僧人道："从来处来，到去处去。"薛雪心里更觉得有趣，于是接着

湿
SHI
热
RE
证
ZHENG
治
ZHI
高
GAO
手
SHOU

4

薛
XUE
雪
XUE

江南好风光

湿热证治高手
SHI
RE
ZHENG
ZHI
GAO
SHOU

6

薛雪
XUE
XUE

问道："师傅这酒瓢甚是别具一格,让人不得不心生遐想,师傅可否告知一二这酒瓢的含义。"僧人笑答："这酒瓢上的字含义就如字面上的意思啊!"薛雪来了兴致,"师傅,薛某不才,也是一好酒之人,不知师傅可否赏光,到寒舍对饮一番。"僧人笑了,很开心地回答他:"好啊!好啊!快走!快走!正愁呢,好几天都没喝个痛快了。"薛雪也不矫情,在前面引着僧人就回了薛府。薛雪邀僧人来到内院,命人备好酒菜,于是两人坐于席中,僧人见薛雪准备的酒具太小,便对薛雪说:"您这酒器太小了,喝着不痛快,我见您对我这酒瓢感兴趣,咱们就用这酒瓢喝吧。"薛雪见僧人如此说了,也不推脱,就用酒瓢喝起酒来。薛雪用僧人的酒瓢舀了满满一整瓢的酒,然后一饮而尽,接着僧人也用酒瓢舀了一瓢酒,同样一饮而尽,这满满的一大瓢酒约有一斤。

酒具

《一瓢诗话》

薛雪饮完一瓢，就觉得有些头晕。而僧人在薛雪喝完之后，不紧不慢，一连喝了整整三十六瓢。薛雪被僧人的酒量惊得目瞪口呆，实在不敢相信自己所见。僧人笑着对薛雪说："你一瓢也，一瓢也，哈哈！哈哈！哈哈！"僧人饮完酒就顾自离去了，而此时薛雪已经酒醉昏睡过去。自此之后，薛雪就称自己为"一瓢"。

一瓢之号，正是薛雪为人取向贤者，又放浪风雅的自命。上面的小故事也体现了薛雪为人豪爽、放荡不羁的性格。

薛雪的一生非常有趣，活到老，学到老，潇洒自由到老。薛雪出生在书香门第，从小就非常聪明有才气，喜欢学习，但是他并没有从小学医。他少年拜学于名儒、著名诗人、文学家叶燮门下，潜心学习，与乾隆时期的词臣沈德潜是同门。薛雪诗文俱佳，尤其在诗方面更是

湿热证治高手
SHI
RE
ZHENG
治
ZHI
高
GAO
手
SHOU

10

薛雪
XUE
XUE

《抱珠轩诗存》

有名，在诗歌方面著有诗集《一瓢斋诗存》六卷、《斫桂山房诗存》六卷、《抱珠轩诗存》六卷、《吾以吾鸣集》一卷，约存诗八百九十四首；除了自己的创作之外，还编辑了《旧雨集》《旧雨二集》《旧雨集补遗》，唐诗选本《唐人小律花语集》。另著有曲作《卷石梦》，诗话《一瓢诗话》；还有易学学术著作《周易粹义》等。薛雪对绘画和书法也非常在行，尤其善画兰花。薛雪还学过武，特别是拳技，非常厉害；他还经常手执一根铜杖，上面刻着"铜婢"二字，杖不离身。

薛雪最主要的成就，还是在医学方面。他之所以在医学上成就非凡，是因为他非常孝顺。他开始学习医学便是因为其母亲生病，遍寻名医无果。薛雪为医治母亲的病痛博览群书，钻研医术，自学成才。他上承《黄帝内经》《伤寒论》《难经》等，中承金元四大家，下承吴又可等医家的论断，不拘泥于前人之理论，择善而从，形成了自己的温病理论，总结出了湿热病特点、诊断依据、治疗方法等。薛雪平生擅长治疗温热疾病，同时他还著述成册，著有《湿热病篇》《医经原旨》《湿热条辨》《扫叶庄医案》《瘟疟论》《日讲杂记》等，且均刊刻于世。

薛雪是清代著名的温病医家。他的温病理论复杂多变，对于中医之外的人来说很难理解，简单来说就是：薛雪认为，人吃五谷杂粮，劳作生活，世事变化，一年四季转变，日子久了，不可避免地在身体中残留集聚一种坏的东西，这种坏的东西被他称为"湿热之邪"。在人们注意身体健康的时候，这种坏的东西并不会对身体健康产生威胁。在人们不注意身体健康的时候，这种坏的东西就开始变多，多到一定

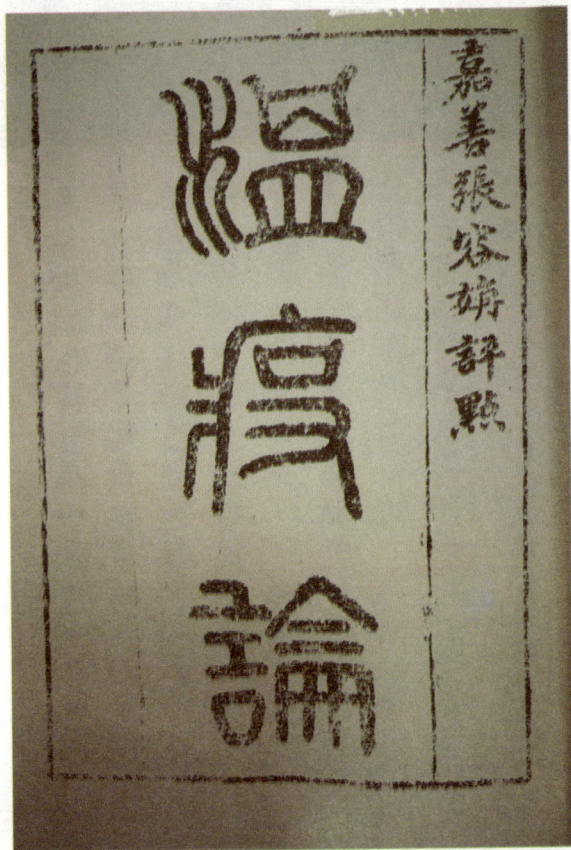

《瘟疟论》

五谷杂粮

饭前便后勤洗手

程度的时候，或者外界来了一个与它性质相近的坏东西找它一起"玩耍"，并达到一定程度的时候，人就会因为坏东西太多而生病。表现最明显的特征就是一派热象。

薛雪认为，外面的坏东西要想进入人体与身体里面的坏东西相遇，大部分都要先通过口鼻传入人们的身体，再进入心肝脾肺肾等，当与身体里面的坏东西相遇成功后，便会使身体发生疾病，从而出现各种症状。所以一定要注意个人卫生，保持室内整洁干净，勤洗手，餐前便后更要洗手，食用干净卫生的食品，在流感多发季节戴口罩，并避免去人流密集通风差的场所，保持身体健康，这样坏东西就不会让身体生病了。

湿
热
证
治
高
手
SHI
RE
ZHENG
ZHI
GAO
SHOU

14

薛
雪
XUE
XUE

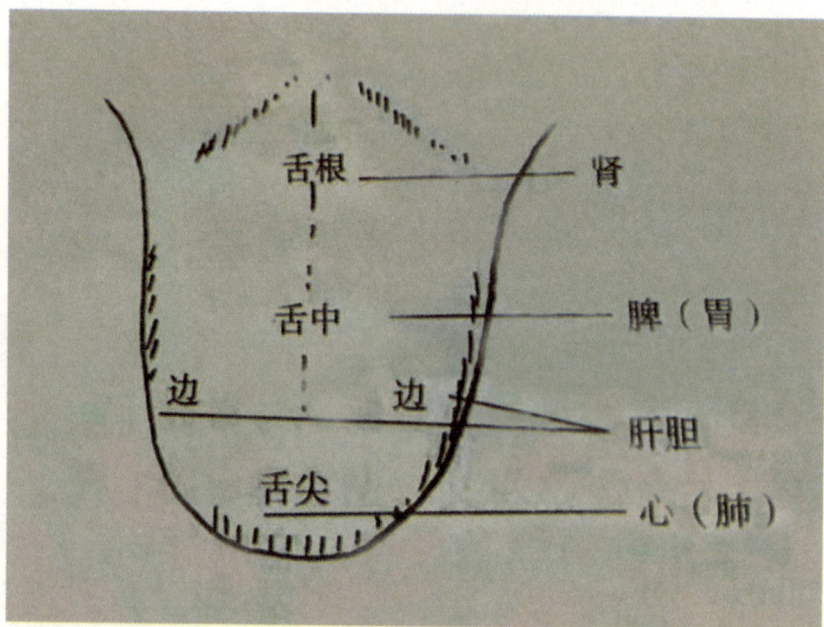

舌根 ——————— 肾

舌中 ——————— 脾（胃）

边　　　边 ——————— 肝胆

舌尖 ——————— 心（肺）

舌诊

　　薛雪在给这类病人看病时很注重"辨舌"，也就是舌诊。舌诊属于中医"望闻问切"中"望"的一种，即通过观察病人的舌头，看舌头和没生病时的不同，诊断疾病。他对湿热病的辨治，常以舌苔为主要依据。薛雪治疗这类疾病的方法也多种多样，他会根据坏东西聚集"玩耍"的地方不同而采用不同的方法治疗疾病。

　　薛雪作为清代著名温病医家，与叶天士齐名，也是温病四大家之一。

　　温病四大家的其他三人分别为叶桂、吴瑭、王士雄。其中，叶桂即叶天士，与薛雪是同一时代的人，吴瑭与王士雄晚于他二人。四人都是在温病学上非常重要的人物，极具代表性。

　　叶桂（1667—1746 年），字天士。他年长于薛雪，生于医学世家，

中药材

種福堂公選良方兼刻古吳名醫精論卷一

溫熱論

古吳葉桂　天士先生論　錫山華南田岫雲參校

溫邪上受首先犯肺逆傳心胞肺主氣屬衛心主血屬營
辨營衛氣血雖與傷寒同若論治法則與傷寒大異蓋傷
寒之邪留戀在表然後化熱入裡溫邪則熱變最速未傳
心胞邪尚在肺肺主氣其合皮毛故云在表在表初用辛
涼輕劑挾風則加入薄荷牛蒡之屬挾濕加蘆根滑石之
流或透濕於熱外或滲濕於熱下不與熱相搏勢必孤矣
不爾風挾溫熱而燥生清竅必乾謂水主之氣不能上榮

種福堂公選良方　卷一

種福堂　一

《温热论》

祖父是当地名医，父亲也精通医术。叶桂从小就跟随父亲行医，后来拜在父亲的学生门下，继续学医。叶桂最擅长治疗时疫和痧痘。他是中国历史上最早发现猩红热的医生，是温病学的奠基人之一。他的著作《温热论》为温病学的发展奠定了基础，创立的卫气营血辨证，给后来之士打下了良好的基础。

吴瑭（1758—1836年）字配珩，又字鞠通，江苏淮阴人。他生活的年代晚于叶桂、薛雪二人，青年时期，他因为父亲病逝立志学医，后来又有家人因病去世，更加努力钻研，经过勤学苦读之后，终于学有所成。他受吴又可《温疫论》和叶桂《温热论》的影响，综合二人思想，再加上自己对多年学医及临床经验的理解，撰写了《温病条辨》五卷。该书介绍了九种温病，其中一种为瘟疫，最具传染性，对于其他八种温病的发病季节和发病形式也进行了区分，更是首创了"三焦辨证"学说。吴瑭在《温病条辨》中记载了大量方剂供后人应用。现如今，很多临床上用的方子都来源于《温病条辨》，比如，桑菊饮、清营汤、藿香正气散、犀角地黄汤、清宫汤、银翘散、沙参麦冬汤、青蒿鳖甲汤、承气汤等。《温病条辨》在医学上的贡献巨大，为后世医家提供了大量的可用方剂。

湿
热
证
治
高
手

SHI
RE
ZHENG
ZHI
GAO
SHOU

18

薛
雪

XUE
XUE

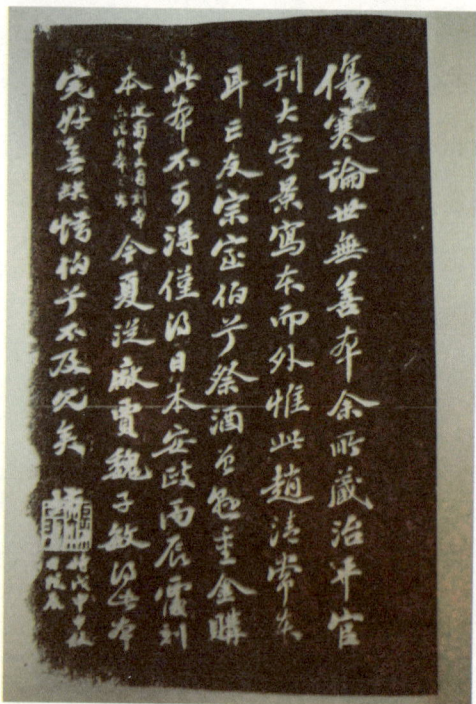

《伤寒论》

　　王士雄（1808—1868 年），字孟英，号梦隐（一作梦影），又号潜斋，别号半痴山人、睡乡散人、随息居隐士、海昌野云氏（又作野云氏），是温病四大家中出生最晚的一位；祖籍浙江海宁，迁居钱塘（杭州），中医温病学家。他毕生致力于中医临床和理论研究，对温病学说的发展做出了承前启后的贡献，尤其对霍乱的辨证和治疗有独到的见解。他重视环境卫生，对预防疫病提出了不少有价值的观点，主要著作有《医学随笔》《温热经纬》等。王士雄生于医学世家，年幼时父亲早逝，虽遵父遗愿钻研医学，但由于家中没了顶梁柱，家境越来越差，后来不得不外出寻一差事养家糊口。他白天外出工作，维持生计，晚上"披览医术，焚膏继晷"。就这样，虽身处困境，可并没有影响他学医的决心，反而愈加坚定。从《内经》《难经》《伤寒论》《金匮要略》到《温疫论》《温病条辨》，他博览群书，博采众长，融会贯通，并且还非常重视临床实践，广泛接触各类病人，积累了大量经验。他边临床边学习，将理论与临床相结合，通过多年的基层临床工作，认为像霍乱一类的疾病与环境卫生密不可分。当时，江南一带用水卫生问题十分严重，他进谏疏通河道，开凿泉井，并且还主张用药物净化水，以达到去秽解浊、减少患病的目的，甚至还提出过田螺生物净水的方法。温病学到他这里已经有了相当大的发展，他通过理解，结合临床，集各家之言论，总结自己的观点，最后著成《温热经纬》一书。该书可以说集各家之大成，将各家温病学说收集整理为一个系统，一个温病学系统。

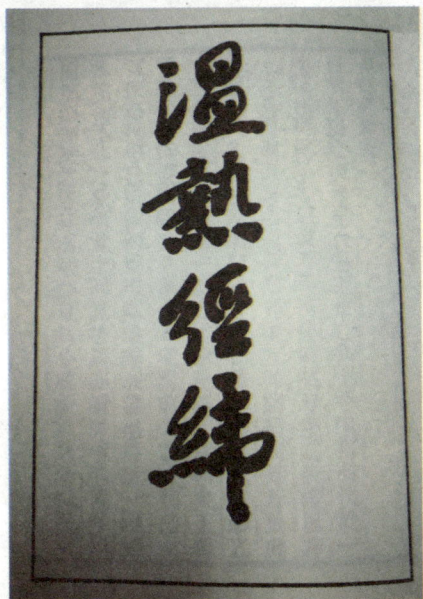

《温热经纬》

知识加油站

中医四大经典：《黄帝内经》《伤寒杂病论》《难经》《神农本草经》。

温病四大家及其著作：叶桂《外感温热论》、吴瑭《温病条辨》、薛雪《湿热病篇》、王士雄《温热经纬》。

第二章

学优而未仕

薛雪祖上原籍山西河东，是三国时期蜀汉的巴蜀太守薛齐之后，后来其远祖搬迁至苏州。出生于书香门第的薛雪，自小跟随叶燮学习诗文创作，与沈德潜同门。青壮年的薛雪，一心求学，行文作诗，书法作画，能文能武，研究周易。后来他曾多次求取功名，但最终功名不就。

清康熙二十年（1681年），正值南明覆灭后不久，江南一带经济萧条，百废待兴，社会一片动荡。这一年，在苏州吴县的一个书香世家——薛家大宅中，一日忽然传出一声响亮的婴儿啼哭，一个小生命诞生了，门前的鞭炮庆祝着小少爷的到来，伴随着一家人的喜悦，日后成为一代名医、诗人的薛雪降生了。

随着时间的推移，小薛雪一天天长大，到了学习识文断字的年纪，家里也开始为他物色启蒙老师，希望能为他打下坚实基础，盼望他将来能有一日考取功名，飞黄腾达。当时，南明小朝廷已经覆灭，很多文人以明朝遗老自居，以仕清为耻，多居

湿
SHI
热
RE
证
ZHENG
治
ZHI
高
GAO
手
SHOU
22
薛
XUE
雪
XUE

苏州美景

于山野之间以著书立说为业，苏州府附近就有很多隐居的文人墨客，其中不乏文韬武略之人。随着反清复明的斗争逐渐被镇压，清朝统治者对文人的种种优待政策使得反清思想逐渐弱化。随着战乱的平息，社会经济逐渐复苏，江南地区的文化氛围日渐浓厚。家人再三考虑，决定请能文能武的杜睿教导薛雪，这样强身健体、骑射兵法、识文断字都能兼顾到。

薛雪在《一瓢诗话》中提到"曾受韬钤之法于蹇翁，揣摩久之，虽变化无穷，不出'奇正'二字"。杜睿，字于皇，号茶村，别号蹇翁，明末避乱金陵，有《变雅堂集》传世。从年龄上估算，杜睿能教导薛雪的时间最多六年，实际教导时间远远小于六年，故而杜睿只能算是薛雪的启蒙老师，但对薛雪也有一定影响，比如后世描述薛雪善拳脚武技，"驰骋于骑射刀稍之间"。

杜睿故去后，薛雪还需要继续学习，所以家人又为他寻得第二位老师。一日，薛雪的父亲领着他来到横山，拜访晚年辞官隐居横山收徒讲学的叶燮，希望叶燮能收下薛雪，让薛雪在他门下学习。

叶燮（1627—1703 年），字星期，号己畦，今江苏苏州人，康熙九年庚戌年进士。其父叶绍袁，明朝天启五年进士，官至工部主事，明亡后，隐遁为僧。其母沈修宜，明末著名女诗人。叶燮一家文采风流，

浙江风光

《论语》

科举盛事，据《明清以来苏州文化世族与社会变迁》统计，"从明永乐到清光绪年间，叶燮所在的汾湖叶家共产生进士十人，举人十七人，秀才五十七人"。叶燮诗文冠绝当时，其诗论《原诗》在中国诗学史上是一部非同寻常的著作。

叶燮见到薛雪觉得甚是有缘，便收下他，教导他学习。在薛雪之前拜在叶燮门下的还有沈德潜、沈严等人。

少年的薛雪聪慧过人，天赋极佳，勤学好读，刻苦勤勉，嗜书如命，经常闭门苦读，对知识的渴望无人能及。

在叶燮门下，薛雪刻苦读书，《论语》《孟子》《大学》《中庸》《诗经》

尚书

《尚书》

湿
热
证 SHI
治 RE
高 ZHENG
手 ZHI
GAO
SHOU

26

薛
雪 XUE
XUE

《礼记》

《尚书》《礼记》《周易》《春秋》，宋明理学等都熟记于心。薛雪的老师叶燮善于作诗，薛雪也学其作诗并得其真传。早年杜睿的启蒙对薛雪诗学观点的形成也有一定的促进作用。薛雪的诗歌以温柔敦厚、缠绵悱恻为正，以慷慨激昂、裁云镂月为变，这是非常大胆的论调，在儒家温柔敦厚的诗教观的基础上跃进了一大步，体现了"诗言志"与"诗缘情"相折中的观点。

在跟随叶燮学习的过程中，薛雪慢慢地长大，成年了，可是他学习的热情并没有减退，还是日夜刻苦读书，吟诗作赋。这一年，薛雪的父亲给他寻了一门亲事，希望他成家立业。据说薛雪的妻子也懂医术。

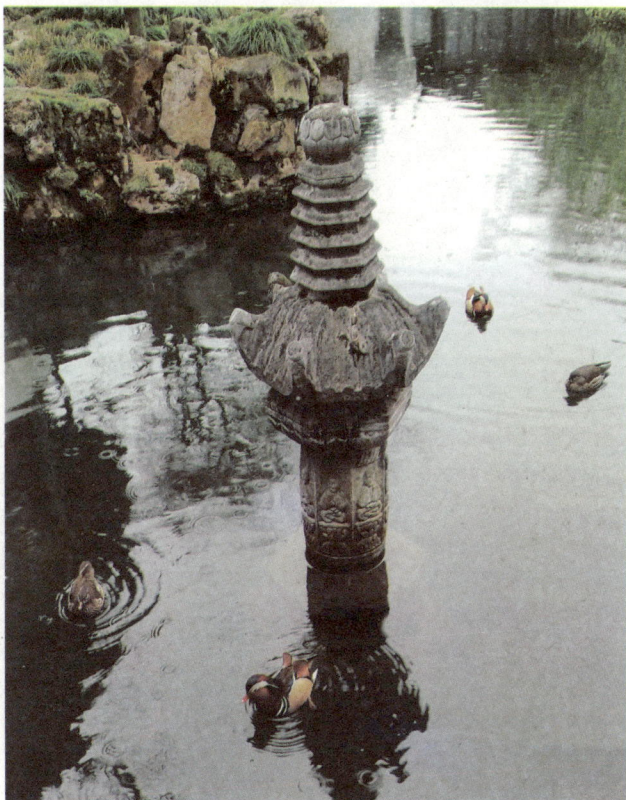

鸳鸯

第二章 学优 27 而未仕

　　婚后，薛雪依然笔耕不辍，日夜苦读，键户读书，他的妻子做些刺绣女红贴补家用。在自家宅院中，他苦读诗书，十年未出家门，最终考中邑庠生。在古代，学校称庠，故学生称庠生，为明清科举制度中府、州、县学生员的别称。庠生也就是秀才之意，庠即学校，明清时期叫州县学为"邑庠"，所以秀才也叫"邑庠生"，或叫"茂才"。秀才向官署呈文时自称庠生、生员等。

　　青年的薛雪苦读十余年，终于考中邑庠生。在"万般皆下品，唯有读书高"和"学而优则仕"的社会风气影响下，薛雪也和大多数读书人一样，热衷于仕途，希望通过仕途光大门楣，光宗耀祖，福荫子孙。

薛雪曾一度在杭州府当幕僚,他借此机会和独住山人黄遵古朝夕相处,并观其作画,互相探讨。后来薛雪在画画上也造诣颇深,尤其擅长画兰花。兰与松竹梅并称为花中四君子,薛雪喜兰画兰情结不必多言。薛雪还将他的书法画作和诗作结合在一起。

《前尘梦影录》评他"书悉作苏(东坡)体"。他还在自己所画的墨兰中自题诗曰:"不须凭客问如何,秋亦无聊谈不多。若道幽芳堪鉴赏,比来空谷有谁过?我自濡毫写楚辞,如何人唤作兰枝,风晴雨露群看偏,一笔何尝似画师。逢场争说所南翁,向后人文半已空。不是故将花叶减,怕多笔墨恼春风。"

为求功名,薛雪苦读十年有余。在这期间,一次薛雪趁学习之余外出采风,游走于苏州的大街小巷,感受百姓生活。江南烟雨朦胧,

春兰

湿
SHI
热
RE
证
ZHENG
治
ZHI
高
GAO
手
SHOU

32

薛
XUE
雪
XUE

街上人来人往，好一派复苏之象。走着走着，薛雪被一人拦下，说有一物要赠给薛雪，请薛雪随他到四下无人之处才可以交给薛雪。薛雪见这人并无恶意，便随他去了。这异人领着薛雪走到一处僻静之地，也不知从身上哪里取出一本书，赠给薛雪，说这书上有教人金丹火炼之术，薛雪只当这是件趣事。后来，薛雪发现书中记载的乌龟呼吸吐纳之法可以增寿，便在自家后庭院中捉龟养龟，日日观察乌龟生活习惯和呼吸吐纳之法，以求得长寿之法。他又对易学、《内经》等进行深入学习和不断探索，并结合自身理解，得出一套特殊的呼吸吐纳之法，薛雪每天都修习这套特殊的呼吸吐纳之法。按照书中所写，他还勤加锻炼拳脚功夫，经常外出爬山，登高远望，并尽量使自己保持积极向

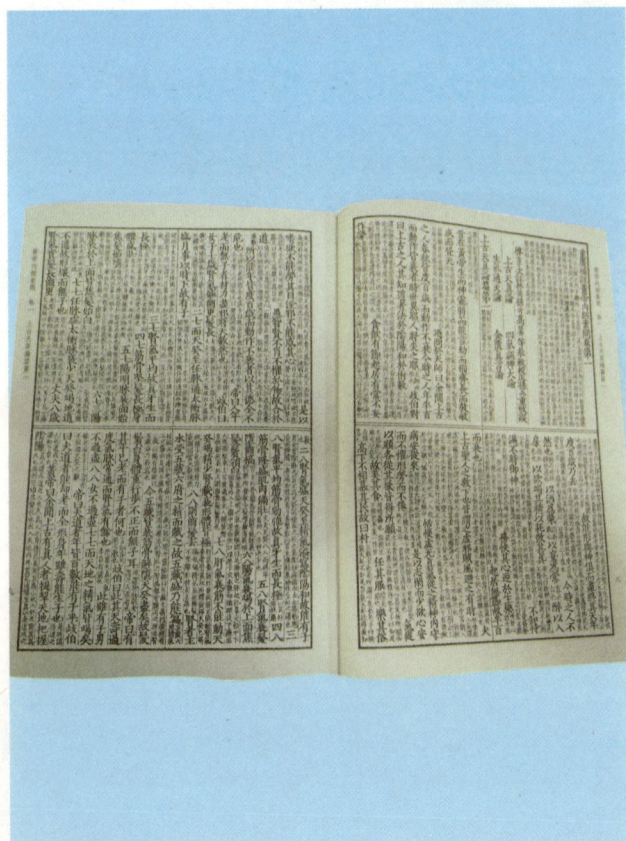

《黄帝内经》

中药材

上的心态和平静的情绪，随性而为；在饮食上，他注意保护脾胃，不暴饮暴食，不大鱼大肉，不食辛辣等，并根据一年四季变化，通过药中上品进行食补药补。据记载，薛雪的养生理念也的确让他活到九十岁，这在现代也算是高龄了。

康熙帝在位期间多次南巡，一是为了进一步巩固政权，视察民情；二是为了吸引文人义士为国效力，招纳贤人义士，开展博学宏词科考试。此时的薛雪正值青壮年，一心想涉足官场，展宏图大志，光宗耀祖。在康熙南巡期间，薛雪在苏州郡学参与了迎驾活动，以期能得到赏识，走上仕途，可惜并未取得任何成果。即使如此，薛雪依然没有放弃。

他继续学习，充实自己，并且游走在杭州幕僚之间。

时间如白驹过隙，一转眼到了乾隆元年（1736 年），此时薛雪已经是五十六岁高龄了。雍正十三年（1735 年）清世宗驾崩后，乾隆皇帝下诏在第二年举行博学鸿词科，令各省督抚推荐，乾隆元年 (1736 年) 在北京举行了博学鸿词科考试。此次考试各省共推荐二百七十六人，取十五人，次年又取四人。

这一年，尽管薛雪已经五十六岁高龄，但他依然参加了博学鸿词科考试。由此薛雪的功名之心、仕途之望可见一斑。地方政府推举他进京参加会考博学鸿词科，一同参加这次考试的还有他的同门师兄沈德潜。

为了这一次考试，薛雪精心准备了诗赋《山鸡舞镜》，这首诗押"山"字十二个韵，只为能一朝求取功名，光耀门楣。可往往事与愿违，保和殿发榜的那一刻，薛雪并未在榜单上看到自己的名字，薛雪落榜了。而和他一起来的沈德潜师兄，榜上有名。薛雪掩盖住自己内心的失落，恭贺自己的师兄成功考取博学鸿词科。沈德潜也不负众望，之后一路高升，平步青云，成为名臣、诗坛泰斗、著名学者。乾隆四年（1739 年），沈德潜以六十七岁高龄得中进士，授翰林院编修。因乾隆帝喜其诗才，称其"江

水韵苏州

苏州美景

南老名士"。

此次落榜对薛雪影响非常之大，他一路浑浑噩噩返回家乡。在返乡过程中，薛雪想了一路，想自己的追求功名之路是否正确，想是否应该继续坚持这条道路。薛雪回想他的生活，这些年他不断写诗作赋，更是在自己山庄邀请各路文人墨客前来对酒当歌，论文比武，并认识了很多名人能士，何必再强烈追求功名呢？此事刺激了薛雪，同时也改变了薛雪。再后来，朝廷也曾两次征召他进京，但他都以母亲年老体衰、需尽孝道照顾母亲为由而推辞。

重返故乡

知识加油站

姻娅：是一个汉语词汇，意思是亲家和连襟，泛指姻亲。

博学鸿词：科举考试制度之一种，是在科举制度之外笼络知识分子的一种手段，唐开元年间始设。清代康熙与乾隆时曾两次举试，所试为诗、赋、论、经、史、制、策等，不限制秀才举人资格，不论已仕未仕，凡是督抚推荐的，都可以到北京考试，考试后便可以任官。当时举试的人颇多，甚有影响。因乾隆名弘历，"宏"音形义与"弘"相近，故改为博学鸿词。

小桥流水

第三章

由儒入医

推辞朝廷征召后，薛雪尽心照顾母亲，为尽孝道，潜心医学。他在儒学和《周易》的基础上研究《内经》，研究中医，通过不懈努力走出自己的道路，最终成为温病学湿热证治方面的权威。

早在春秋战国时期，孔子就对古代文化典籍进行了大规模整理，使儒家学说自成体系。《黄帝内经》成书晚于孔子数百年，其作者在创作过程中广泛汲取了诸如天文、地理、军事、政治等内容，这些在当时堪称发达的多学科知识的主要来源之一就是儒家学说。比如，中医学理论体系的主要内容——整体观念即受到了儒家"天人合一"天道观的影响；阴阳五行学说则是直接从儒典《易经》《尚书·洪范》及孔子所撰的《易传》引入。中医学对人体生理"阴平阳秘，精神乃治"的认识，《内经》"疏其血气……而致和""谨察阴阳之所在，以平为期"的终极治疗目标，

湿
热
证
治
高
手

SHI
RE
ZHENG
ZHI
GAO
SHOU

40

薛雪

XUE
XUE

《伤寒论》"凡病……阴阳自和便自愈"的病愈机制，以及"气血冲和，万病不生，一有怫郁，诸病生焉"的发病观，无疑都是孔子及儒学的"中和观"渗透的结果。正是由于中医理论体系体现出了这些儒家思想的突出特点，才有了后世的"儒医"一说。

"儒医"是自北宋以来形成的一个特殊群体，即儒、医兼通的人。宋代以前，"医者"地位低下，进入宋代后，由于北宋历代皇帝都重视医药，因此对文士阶层产生了重要影响，儒医大量出现。

宋徽宗颁诏，医学脱离专管宗庙礼乐的太常寺，隶属国子监（中国封建时代的最高学府）。从此医学被纳入儒学教育体系，以"教养上医，广得儒医"，并按等级任命医官，这使儒医的地位得到确立，从而开辟了一条"医而优则仕"的道路。

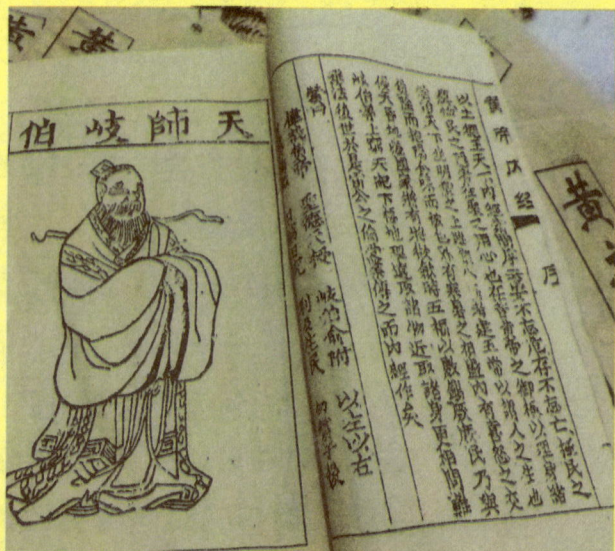

《黄帝内经》内文

《伤寒论》

　　"伏观朝廷兴建医学，教养士类，使习儒术、通黄素、明诊疗而施于疾病，谓之儒医。"

　　元朝对医学的重视更是前所未有，从医者的地位大大提高。元代安西医学教授武敬的墓志开篇以其高祖"以儒医鸣"为记述，便是这一时期重视儒医的体现。

　　宋元以后的儒家思想浪潮为：如果一个医生熟悉儒学经典，对儒学有深刻的哲学方面的理解，那他的儒学身份就确立了；若再加上高超的医术，那这个医生就是儒医。这样的医生地位很高，薛雪就符合这个标准。更重要的是，他学医，初衷只是为了尽孝，也并非学于名

湿
热
证
治
高
手

SHI
RE
ZHENG
ZHI
GAO
SHOU

42

薛
雪
XUE
XUE

江南风光

医门下，而是自学成才，是凭借其儒学功底和哲学思维悟通医术的。因为这些因素，他才更受上层人士认可，也因此结交了很多朋友。因其如此，他平时依然是一个风流倜傥、为人豪爽、广交好友的文人形象。

薛雪母亲体弱多病，为尽孝道，他安心在家照顾母亲，两次推辞了朝廷的征召未就，后来精心钻研医学。其实，薛雪早在参加乾隆元年的博学鸿词科的科举考试之前，就已经开始涉及医学并且有了一定的成就。清代康乾时期，江南瘟疫流行。1733—1756 年间，苏州附近曾发生三次载入史册的大疫，薛雪在此期间曾参加过朝廷组织的救援队伍，为灾民诊治疾病。

薛雪的母亲随着年岁增高，身体也越来越差，又因江南气候夏天湿热，冬天湿冷，多疫疾流行，她不幸染上了湿热病，病情迁延日久。一日，薛雪的母亲宿疾发作，病情突然加重，其症状为一派热象，一

江南美景

连数日卧床不起，茶饭不思，身体日渐虚弱。孝顺的薛雪倍感焦急，于是遍请名医。苏州及周边的名医，一批又一批地前来诊治，可是所有人都对薛雪母亲的病情一筹莫展。薛雪母亲的病，只能控制没有进一步恶化，但是毫无好转的征兆，病情一拖再拖。可是像这样拖下去，薛雪的母亲哪里能经受得住啊！年岁那么大了，身体本就虚弱，再加上生病，这不是要了母亲的命吗？随着时间的推移，薛雪的心情越来越焦躁。

虽然薛雪诗写得好，但是再好的诗作也不能为母亲治病，为母亲解除病痛。他焦急地询问那些请来的医生，母亲到底得的是什么病，怎么治疗最好？他希望医生中有人能给他解答。其中有一位医术独到的医生，正是因为这个医生，使薛雪母亲的病情得到控制，他告诉薛雪：

湿
热
证
治
高
手

SHI
RE
ZHENG
ZHI
GAO
SHOU

46

薛
雪
XUE
XUE

苏州一角

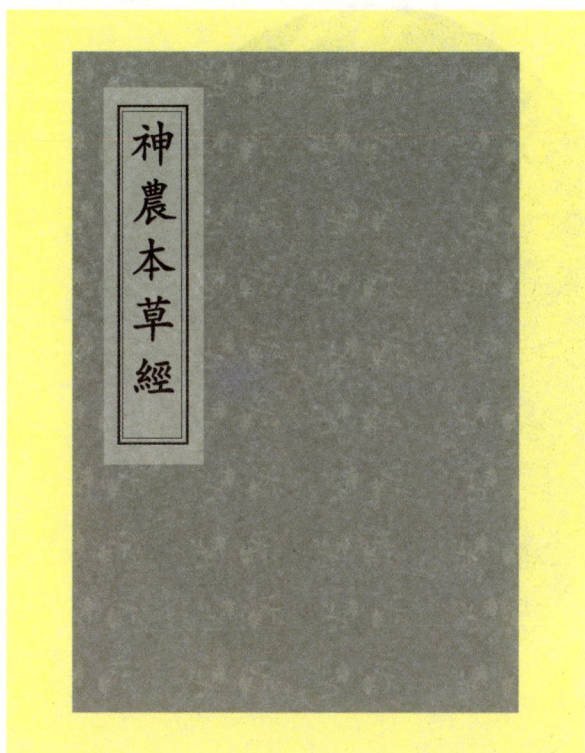

《神农本草经》

"令堂的病并非伤寒，而是温病，是热邪积聚日久所致，但是我所见过的温病也只是与你母亲的病相类似，并不完全一样，所以我也是束手无策，只能控制了病情的继续发展，但并未能真正解决你母亲的疾病。"

在薛雪寻医遍求无果之后，他决定开始自己遍读医书，以求从中找到治疗母亲疾病的方法。薛雪用自己儒学以及研究易学的功底开始研读医书，从《灵枢》《素问》《伤寒论》《难经》《神农本草经》《金匮要略》《千金方》《诸病源候论》到《脾胃论》《温疫论》等历代医书，只要是还存世且自己能找到的医书，无不涉猎，他日夜苦读，与时间赛跑，期待早一日寻得方法，为母亲祛除病痛。在此期间，薛雪不单单在屋内苦读医书，也亲自外出辨药、识药、采药。他跋山涉水，穿山越岭，只为早日找到方法，为母亲解除病痛。

湿
SHI
热
RE
证
ZHENG
治
ZHI
高
GAO
手
SHOU

48

薛
XUE
雪
XUE

种类繁多的中药材

　　江南的天气，除了冬季之外，大部分时间都是炎热潮湿的，毒蛇毒虫甚多。幸好薛雪从小习武，身体强健，在外出采药识药过程中，屡次化险为夷。在这个过程中，他认识、熟悉了种类繁多的中药材，为其医术打下了坚实基础。日子一天天过去，离解除母亲病痛的日子更进一步了，他在日复一日的学习实践中渐渐地摸索到了温病的关键。在此期间，他并不只是研读医书上的理论，还与临床实践相结合。

　　在外出期间，他经过了各种地方，遇到了许多病人，特别是走到偏僻的乡下、路上或者歇脚之处时，经常能遇到各种因为没钱治病而等待被疾病审判的病人。每每遇到这样的人，他都会努力地用自己所理解的医学知识，尽其所能帮助他们，无偿地用自己学到的中医知识，为这些病人诊病，尽量帮助他们解除病痛。有些人的病被他治好了，解除了病痛，有些他也无能为力，只能无力地一声叹息。但是这些人

江南冬景

都很感激他，毕竟他们本就无钱医治，生病的身体还拖累着家人，若不是遇到薛雪基本就是在等死，是薛雪给了他们一个生的机会，即使这个机会不太肯定，他们也愿意一试。

薛雪在不断努力，他的医术日渐精进。终于，他找到了治愈母亲得的这类疾病的钥匙，他成功了。他结合众家之长，从《内经》《伤寒论》中的瘟疫了解到，母亲的病属于温热病的一种，但不同于季节性疫病的温热病。母亲的这种病是因为年老体弱，或劳累过度，或外邪勾引内邪，从而引起的温热病。也幸好母亲的温热病并非时疫性温热病，不然母亲的病情就危险了，也就等不到薛雪学医大成的这一天了。母亲的病是因为体内有湿邪，迁延日久，又因天气变化而引导发病。在薛雪准确的诊治和细心的照料下，母亲的病终于好了。曾经给他母亲诊过病的大夫都非常佩服他的天分，认为他是天才。此外，薛雪对温热病的新认识也让大夫感到惊讶。

薛雪的成功离不开自身的努力，也离不开历史大环境的推动作用。薛雪自学医学期间，江南一带瘟疫流行，造成灾民众多。这些灾民的疾病大多与薛雪母亲的病情相近，有共同之处。薛雪边学边为灾民诊治疾病，大量的病人和亲自治病的机会，让他的理论知识迅速地与

湖

江南水乡

诊治实践相结合，更快地融会贯通，更快地理解理论，然后理论再反馈给实际应用。通过大量的治病经验，总结前人经验，结合自己理解和自己诊治中用药的变化，薛雪创立了新的温热病理论，并得到验证。这一理论，在治好病人的同时，也成就了他的医学地位。

薛雪在两次拒绝朝廷的征召之后更是专心医学，自此完全踏入了医学领域，并不断探索，不断钻研，最终，他成为温病四大家之一。

说到温病四大家，不得不讲讲薛雪与同为温病四大家之一的叶桂之间的趣事。

叶桂，字天士，号香岩，晚号上津老人，吴县人，世居苏州阊门外下塘上津桥畔。其祖父、父亲俱精儿科，叶桂承家学初习幼科，后学力日进，扩充其道于内科一门。叶氏长于温病及疑难杂病，未满三十岁便闻名于世。

中药材

叶桂与薛雪齐名，同为温病四大家之一。当时叶桂与薛雪、俞明鉴被称为"鼎足三大家"。黄退庵在《遣睡杂言》中客观地比较了叶桂和薛雪，薛雪思维灵敏在叶桂之上，虽然二者都是聪颖好学之人，在天分方面薛雪在叶桂之上，但在诊病治病方面薛雪不如叶桂。

温病学的快速发展，一定程度上与明清时期的瘟疫流行有着密不可分的关系。温病不等于瘟疫。瘟疫是一个与医学息息相关的词语，可严格说来，它又并不是某一个确切的疾病种类，或者几种疾病综合到一起的总称。瘟疫在现代医学中泛指由一些强烈致病性的细菌、病毒、微生物所引起的传染病。历史上或者当下发生在一定范围内的连续性传染病死亡现象，并因此引发一系列社会危机，在人群中产生恐惧，这样的传染病称之为瘟疫。

《遣睡杂言》

在清代的康乾时期，叶天士、薛雪生活的时代，江南地区多次流行瘟疫。这种情况下，朝廷想到在多地设立医局，招募当地名医轮番坐镇医局，为灾民诊治疾病，以便更快更好地制止疫疾的扩散和发展。

那是清朝乾隆年间的一个夏天，苏州流行大瘟疫，病情迁延日久，民不聊生，无数生命就此离开。时间慢慢地过去，可是疫情并未得到缓解，为救治老百姓的疾病，官府在苏州府设立临时救治疫疾的医局，征召了薛雪、叶桂等当时的名医轮流坐诊于医馆之中。此时叶桂成名已久，薛雪也因医术享誉苏州。叶桂与薛雪还有其他一些医家，轮流坐诊医局。就是这个时候薛雪与叶天士一同在此共事。

这一天，天气闷热，太阳不是很烈，而是有些朦胧，却格外的热，再加上前几日又阴雨连绵，太阳稍稍出来就像蒸馒头一样，湿热湿热的，

炎炎夏日

闷得人透不过气来，仿佛在嘴巴鼻子上捂了一层沾水的纱布。这恼人的天气，也就水边还能凉快些，但是不只人知道水边凉快，蚊子也知道水边凉快，因此水边就更热闹了。

这天一大早，医局里就来了一个病人。病人是个更夫，只见这名更夫全身浮肿，甚是厉害，皮肤都已经肿成了黄白色，连口鼻面目都分不太清楚了。原来，这名更夫昨晚守夜结束后回到家，刚想好好补个觉，突然觉得不舒服，然后便成了这个样子。家人甚是惶恐，赶紧带他赶了过来，早早地到医馆等候医生给他治病，病人和家属都焦急地等待着医生的到来。

恰巧，这天是薛雪先到了医局，一进门就看到了焦急等待的、已经肿胀严重的更夫。薛雪见到此状也是大为惊讶，这是他第一次见到

如此症状的病人。薛雪迅速落座为其诊治，给病人诊脉，查看周身症状，查看舌苔，询问更夫病情感受。按照常理，身体肿胀到了这个程度，已濒临绝境，当为不治。薛雪思考良久也没有想到什么可行的办法，因此薛雪向他挥了挥手，对他说："你的病已到了晚期，没法治了，回去吧。"并劝其家人，早些准备后事。

薛雪在苏州的威望甚高，更夫和他的家人见薛雪都说无法治疗了，更是悲痛欲绝，认为活命无望了。家人整理好情绪，便准备了担架将已经全身肿胀、行动受阻的更夫抬回家中。出了医局的大门，走在回去的路上，一家人都沉浸在悲痛之中，肿胀的更夫被家人抬着，路上围了好多邻里乡亲，有些关系好的便上前看望更夫，并劝慰更夫家人。不认识的人看见肿胀成如此模样的更夫，甚是好奇，互相三两扎堆小

苏州园林

湿
SHI
热
RE
证
ZHENG
治
ZHI
高
GAO
手
SHOU

58

薛
XUE
雪
XUE

叶桂

声讨论着更夫的病情。

　　此时迎面走来一个身背药箱的人，这个人正是叶桂。叶桂见前面围了很多人，好像还有人被抬着，就上前询问情况。这时围观的人也看到了叶桂医生，就提醒更夫家人，这是叶桂医生，反正人也快不行了，不如再让叶桂医生给瞧瞧。更夫家人心想也是，没准就能有奇迹发生呢，于是便请叶桂上前来给更夫看看病情。叶桂也心生好奇：什么病围了这么多人观看。叶桂走上前来，看见更夫的确肿得厉害，与一般水肿还有些不同，便一边诊病一边询问其近几日都做了些什么。由于更夫肿得厉害，说话也不是很清楚，呜呜啦啦的，家人就帮忙翻译，叶桂听了个事情的大概。

　　原来因为本就处于江南水乡，又是夏天，天气闷热，蚊子特别多，近几日更夫晚上守夜打更之时，必须燃烧一种香来驱蚊，以防止被蚊虫叮咬严重。但这种香有一些毒性，更夫天天打更时燃这种香驱蚊，久而久之，就染上了毒香的毒，又加上近来温病流行，于是就患上了这种怪病。叶桂听后，知道了具体情况，想了想症状，豁然开朗。叶桂对更夫和他的家人说道："如果是温病至此，自然无药可救，不过你主要是因熏了太多的毒香而中毒引起的，尚可一试。"叶桂就地直接拿出药箱中的笔墨纸砚，开了一服方子，将药方递给更夫的家人，并对更夫和他的家人说："不用害怕，吃了这两剂药就会好的。"叶桂把

《扫叶庄一瓢老人》复印版

湿
SHI
热
RE
证
ZHENG
治
ZHI
高
GAO
手
SHOU

60

薛
XUE
雪
XUE

笔墨纸砚

煎煮方法和注意事项告诉了更夫的家人后，就让更夫家人赶快带着更夫回家了。

薛雪此时还在医局坐诊，并不知情。他忙碌了一天，晚上在回家的路上，听到了路人们谈论白天的事情。薛雪回想此事，感觉事有蹊跷，认为叶桂此举是有意而为之，故意让他难堪，想起此事心中是又恼又恨。回家后，薛雪就将自己的书房改名为"扫叶庄"，以示与叶桂抗衡的意思。这件事后来又传到叶桂的耳中，他听说薛雪将书斋改名为扫叶庄后也非常生气，就把自己的书房改为"踏雪斋"，以表示自己对薛雪的回应。至此，两人之间的隔阂算是更深了。

日子一天天过去。这一日，叶桂的母亲突然得了伤寒，他凭借自己丰富的临床经验给母亲开了一个方子，细心熬制后亲自喂母亲服下，可母亲吃了药后，情况并未见好转，继续服了几日，病情依然未见好转。母亲生病，而身为大夫的儿子却并没有将其治好，叶桂也不好意思请

江南水乡

湿热证治高手
SHI
RE
ZHENG
治
ZHI
高
GAO
手
SHOU

62

薛雪
XUE
XUE

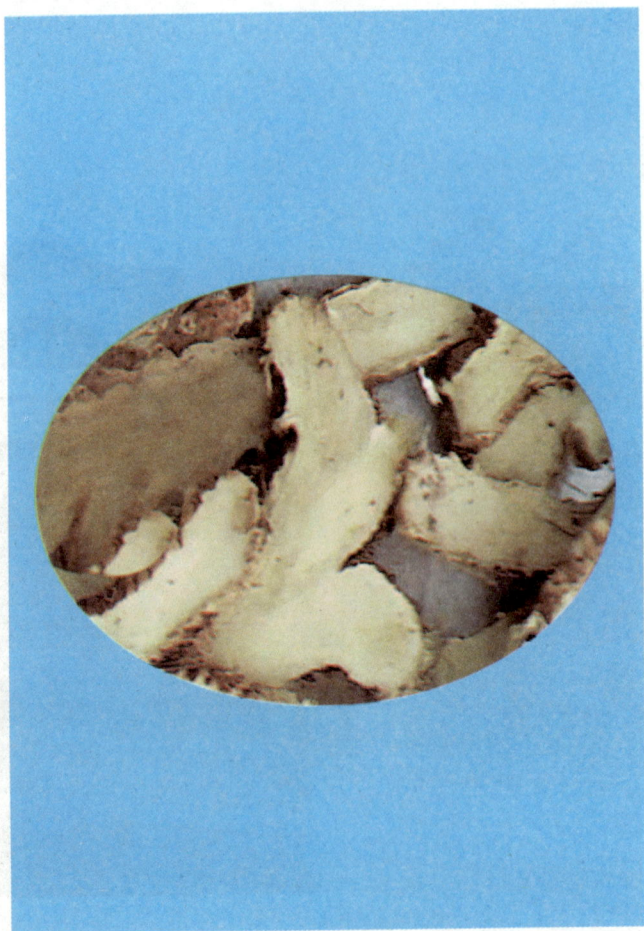

白虎汤中一味药材——知母

求他人。

　　时间久了，叶桂母亲生病的事便通过薛雪的门人传到了薛雪的耳朵里，薛雪听后放声大笑，并对其门人说："这种病要是放在别的病人身上，叶桂早就用白虎汤来治疗了，而且早都该痊愈了。到了自己母亲身上他就没办法了。"薛雪的一个弟子插话说："白虎汤寒性重，他是怕老人受不了吧？"薛雪说："她这病有里热，正是白虎汤证，药性虽重，但非用不可。"薛雪有意大声说这些话给门人听，目的是通过门人将话传到叶桂那里，以帮助叶桂的母亲病愈。果然，这些话通过薛雪的门人，再通过叶桂的门人，最后传到了叶桂的耳朵里。叶桂听后心中豁然开朗，很是佩服薛雪的见解，也佩服薛雪以这种方式告诉自己。他确实想到了白虎汤，也确实担心母亲年龄太高承受不了。听了薛雪的话后，叶桂毫不犹豫地就给母亲用了白虎汤，果然没过多久母亲的病就好了。这件事后，叶桂和薛雪都各自认识到了之前自己的偏激，觉得名医更应心胸宽阔，互相学习，于是主动互相登门拜访，两人重归于好。

知识加油站

金元四大家：寒凉派刘完素、攻下派张从正、补土派李杲、滋阴派朱震亨。

白虎汤中一味药材——甘草

第四章

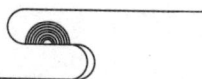

薛雪医话

性灵诗派的代表人物袁枚与薛雪是忘年之交，二人惺惺相惜，他们就是通过治病相识的。薛雪不只医好了袁枚的病，还曾在袁枚游玩苏州之时两次救助其下人于命危之际，医技神乎其神。在他的医话中，也多次记载了他神奇的救人医术。但由于他的性格原因，最后其威信也因此衰落。

说到薛雪不得不提到他的忘年之交袁枚。薛雪性格孤傲，却唯独与袁枚交好。

袁枚（1716—1798 年），字子才，号简斋，晚年自号仓山居士、随园主人等，祖籍浙江慈溪，出生于钱塘（今浙江杭州），是清朝乾嘉时期代表诗人、散文家、文学评论家和美食家，乾嘉三大家之一，性灵派三大家之一，与纪昀齐称"南袁北纪"。

袁枚在清乾隆四年（1739 年），24岁时参加朝廷科考，得到刑部尚书尹继善相助，得中进士，后被授予翰林院庶吉士。乾隆十四年（1749 年），因父亲去世，袁枚辞官养母，在江宁（今天的南京）购置隋氏废园，改名"随园"，筑室定居，世称随园先生。

袁枚对饮食氛围也极有研究，每有客来，他都要叫人将餐桌摆到一些景致极美的亭榭，还安排歌舞，他还写了一本《随园食单》，论述自己的饮食理论，书中也极力渲染了自家私园食物的精妙和家厨烹调的高水准。

袁枚与薛雪相差三十五岁之多，一个在江宁，一个在苏州吴县，二人相隔几百里，他们是如何相识结为至交好友的，又是如何诗词唱和留下一段美丽的人间佳话的呢？

袁枚与薛雪相识源于袁枚的一次染病。这一年，袁枚已经住在江宁小仓山的随园之中，每日纵享随园之美，怡然自得。一日，袁枚突

湿热证治高手
SHI
RE
ZHENG
ZHI
GAO
SHOU

66

薛雪
XUE
XUE

《随园食单》

然感觉自己的左手臂僵直麻木，无法抓取打弯。开始的时候袁枚并未觉得病情有多严重，可是随着时间的推移，手臂不但没有好转，反而越来越麻木了，直到这个时候袁枚才意识到病情的严重性。袁枚开始到处寻医，可是被医生医治一段时间后，仍然没有治好自己的手臂。

袁枚四处打探各地名医，希望能找到医治自己胳膊的办法。一天，袁枚府上的一个小厮告诉袁枚，苏州吴县有个有名的大夫，叫作薛雪，非常有名，据说看病非常厉害。于是袁枚叫人打探了一下薛雪的消息，在得到确切消息后，他觉得此人的确很厉害，但是又怕贸然前去唐突了，可是病情不等人，于是也就不再管那些细枝末节的问题了，便即刻差人备好船只，慕名前往苏州求医。袁枚坐船沿着长江顺流而下，

湿热证治高手

SHI
RE
ZHENG
ZHI
GAO
SHOU

68

薛雪
XUE
XUE

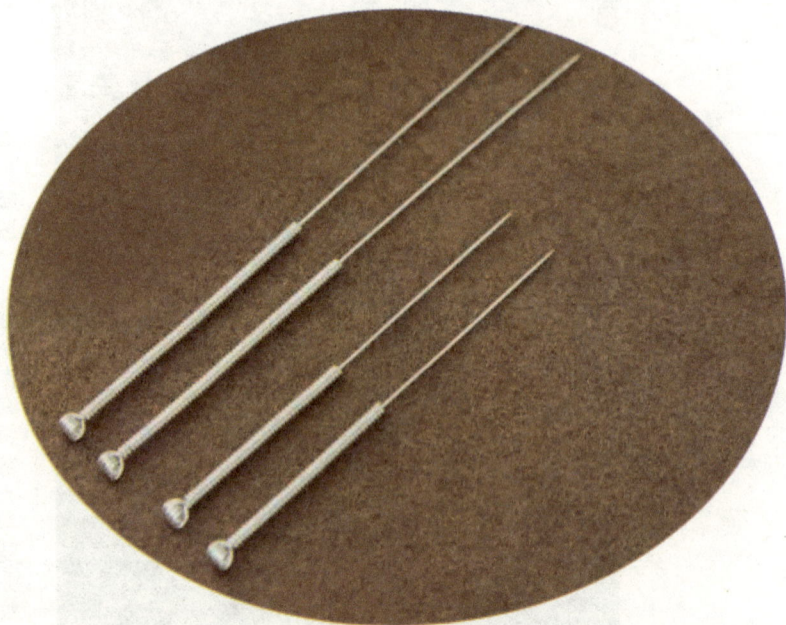

银针

再转道运河。怀着忐忑的心情来到薛氏门前，袁枚不敢造次进入，便先差人送入拜帖，期望得到薛雪的医治。没想到薛宅府门大开，薛雪亲自出来，笑脸迎接袁枚的到来。薛雪将袁枚迎进府中，两人谈论投机，话题不停，一副相见恨晚的样子。交谈之后，薛雪为袁枚诊病、号脉，又观察了一下袁枚的舌像，诊察了一下袁枚的手臂，之后取出几根银针，为袁枚施以针刺，并不断行针，刺激穴位。袁枚的手臂慢慢地恢复了知觉，慢慢地能活动手指了，整个手臂都有感觉能活动了。没过一会儿完好如初，袁枚的疾病豁然间就解决了，袁枚感觉甚是神奇，真是神医啊！之后薛雪又给袁枚开了几服药，让他回去煮了吃，如此便可彻底根治疾病，调理好身体。

　　自此两人便结为好友。薛雪不愿去朋友家叨扰朋友，但却非常喜欢宴饮宾客，经常设宴邀请文人墨客吟诗作赋。袁枚与薛雪交好后，也经常参加薛宅的聚会。袁枚所著的《随园诗话》曾记载过在扫叶庄参加薛雪等人的诗会雅宴。袁枚常赞诵薛雪的名句和楹联，如《咏马》："尔不嘶风吾老矣，可知俱享太平时。"《杨花诗》："飘泊无端疑'白也'，轻盈真欲类'虞兮'。"袁枚的诗话和《吴门补乘》都记载了扫叶庄的门联和楹联。门联曰："堪笑世人无狗监，何妨自我作牛医。"楹联曰："九重天子垂清问，一榻先生卧白雪。"前句标品性，后句合名与字。

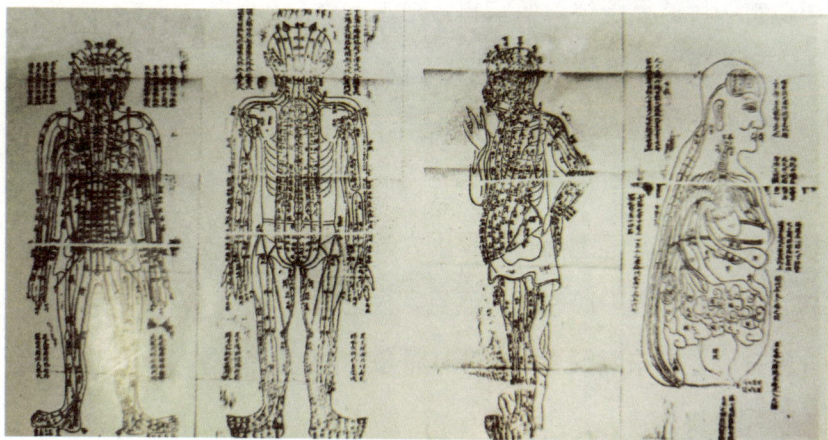

穴位图

湿热证治高手

SHI
RE
ZHENG
ZHI
GAO
SHOU

70

薛雪
XUE
XUE

有一年，袁枚突然卧病在床，一病不起，病情十分严重。远在几百里外苏州吴县的薛雪听闻此事，不顾自己已过七旬高龄的老迈之躯，拄着铜杖，不顾酷暑，即刻乘船出发，风雨兼程，以最快的速度赶到了江宁小仓山的随园。薛雪赶到之后，来不及休息，就迅速来到袁枚房中为其诊病。一见到袁枚就发现他的脸色极差，赶紧为其诊治，望闻问切四诊合参之后，薛雪思考了一会儿，便从随身携带的药箱中取出一个看起来甚是不俗的药瓶，从药瓶中倒出一枚金丹，这枚丹药宛若珍珠大小，珠圆玉润，表面更似有一片氤氲缭绕，薛雪将金丹送入袁枚口中，温水送下。薛雪观察了一会儿袁枚的变化，见其脸色明显好转，隧朗声大笑，并手书一方留于袁枚，又马上离开，不打扰他休息。薛雪救了袁枚一命，马上离开，是因为知道袁枚好转后，需要静养一段时间，而且家人也肯定会非常开心，前来照顾袁枚，所以便急急回府，不打扰袁枚休息。

薛雪喜欢宴客，有诗云："一瓢不饮好客饮，糟丘高筑苏阊门。七百斛秫麴了事，三十六封书召人。"薛雪七十岁（1751 年）时于其山庄举办"耆英会"，与会者都是江南名流，"共算坐中春秋七百二十有三岁""下继香山九老群"，堪与唐代大诗人白居易举办的香山九老

苏州—古色古香

湿
热
证
治
高
手

SHI
RE
ZHENG
ZHI
GAO
SHOU

72

薛
雪
XUE
XUE

会相媲美。薛雪的忘年之交袁枚亦在其中，当属其中最年轻的一个。十年后，诗人仍然回味这次盛会："往日耆英会，曾开扫叶庄。于今吴下士，剩有鲁灵光。旧鹤还窥客，新秋又陨霜。与公吹笛坐，愁话小沧桑。"他们回忆曾经的美好，感叹今日的韶华易逝，感叹人事变化。十年一转眼就过去了，当年与会者已经所剩无几了，只有薛雪、袁枚等尚在。当年窥客的仙鹤，再也看不到那么多的客人了。尚存者还在陆续陨落，真是物是人非。与您促膝交谈，吹奏悠悠的笛声，不免为人事的这一沧桑变化而生愁绪。诗的这一结尾似乎消极，其实这是追悼已逝的朋友。再过九年，即乾隆三十五年，一代名医薛雪也辞世了。

薛雪与袁枚的缘分不止在他俩之间。话说，有这么一年，那是乙亥

萧瑟之景

苏州一角

年的春天，袁枚云游到苏州访友，随行的随园屠夫王小余突然得病不起，病情危重，气息奄奄，医生也没有治好王小余，所有人都觉得王小余没救了，开始为王小余准备棺材，操办后事。正在大家为王小余忙碌着准备后事的时候，薛雪不知从哪里得知了随园屠夫王小余突发疾病的消息，匆匆忙忙地提着一个大药箱子赶到了袁枚的住处，希望为王小余诊治。所有人都喜出望外，早就听闻薛雪先生医术高明，曾救治过自家袁枚大人，都希望薛先生能有回天之术，救王小余一命。随着时间的流逝，天色渐渐暗了下来，之前因为王小余病得很重，气若游丝，大家觉得已经是回天乏术，且王小余气若游丝，大家就将王小余放进棺材之中。正巧此时薛雪先生来了，众人便赶紧引领着薛雪来到王小

日落

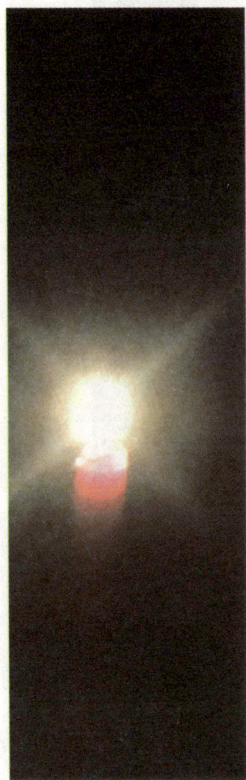

烛
光

余跟前。薛雪仔细看了看王小余，把了一下脉，又叫人掰开王小余的嘴，借着烛光观察了一下舌头，又看了看王小余的眼睛，薛雪笑着说："已经快死了！不过嘛，我这个人就是喜欢跟疫鬼斗，说不定能斗赢啊！"他的轻松、幽默、自信给了众人一种无形的力量，众人都瞪大了眼睛看着薛雪将要做什么，怎么救治王小余，生怕落下了神奇精彩之处，眼神里充满了期待。

这时，只见薛雪从药箱中拿出一个药瓶，从药瓶中倒出一粒药丸，将其捣碎后与菖蒲汁调和在一起，然后对着众人说："来两个力气大

湿
热
证
治
高
手

SHI
RE
ZHENG
ZHI
GAO
SHOU

76

薛
雪

XUE
XUE

清代药瓶

的挑夫，用铁筷子撬开他的虎齿灌进去！"顿时两个孔武有力的挑夫走上前来，按其说的方法做了。果然，一剂下去，没一会儿王小余就大喘了口气，微微地睁开了眼睛。大家万分惊喜，仿佛见证了奇迹一样，就这样王小余算是活了过来。第二天，薛雪嘱咐其又服了两剂药，王小余就坐了起来，精神也好了，之后薛雪给王小余开了几服药，嘱咐王小余继续服用几日，没多久病就会痊愈的。几日后果真如此，王小余疾病全无，恢复健康，行走自如，正常劳作也没有问题。因此随园上下争相传颂薛雪为神医也。

又是一年，乙酉年的冬天，袁枚再次前往苏州访友。这次随行的是随园一个叫张庆的厨师。张庆得了一种叫作狂易的病，得了这个病，患者白天看见日光就认作是下了雪，吃东西也吃不得，稍微吃一点点东西，就肠痛欲裂，痛不欲生。很多医生为张庆诊治后都说治不好。这病一拖再拖，一直未有好转。

一日，薛雪又一次不请而至。听到旁人说得那么紧张严重，薛雪却非常淡定。随从引薛雪见到张庆后，不见薛雪为张庆号脉，观舌苔，只是双手拢在袖子里，双眼在张庆的脸上，上上下下扫了几眼，然后很有把握、很自信地说："这是冷痧，一刮就好了，不必诊脉！"

居然脉都不用诊，更不用其他检查，只是看一看，就判断出了所患之病。这比上次王小余还神奇，人们半信半疑。但是也没有别的办法，于是，众人便按照薛雪的指导，给张庆刮冷痧。别说，这么一刮，张

刮痧板

庆的身体上就出现了手掌般大小的黑癍！大家惊讶极了：这身冷痧真的猛啊！冷痧一刮出来，人霍然就精神了，刮到最后张庆已经觉得病全好了。薛雪给张庆开了两服药调理身体，就告诉他没事了，忙着去吧。袁枚见到自家厨子没事了，也是大为高兴，袁枚摆下酒宴，与薛雪对饮，对薛雪的医术赞不绝口："先生医术真是神啊！"薛雪笑着说："我的医术，就像你的诗，纯粹以神行。所谓人居屋中，我来天外是也。"这不但是对自己的医术，也是对袁枚诗歌的巧妙、中肯的评价。医术和诗歌都是要站得高，才看得清，看得准！

　　薛雪不只给袁枚及其身边人看病神奇，给其他人看病也有神奇之

湿
SHI
热
RE
证
ZHENG
治
ZHI
高
GAO
手
SHOU

78

薛
XUE
雪
XUE

中药材

苏州拙政园

苏州桂花香

太湖洞庭山风景

处。

  医话中记载，一患者，患休息痢已经十余年了，反反复复总是不好，不知看了多少医家，也没看好自己的休息痢，人日渐消瘦，面黄体弱。众医家在为其诊治过后都认为是脾胃有疾，从脾胃论治，但并未有所好转。患者到薛雪这里来看病时也并未抱太大希望，只是死马当活马医了。薛雪对他进行诊断过后认为，这个患者并不是脾胃的问题，而是肾脏的问题，便用了补肾之品，十几剂过后，患者的病情果真有所缓解，继续服用几服过后，病就好了。

  又有住在太湖洞庭山的山民，多人患伤寒，且伤寒症状日益加重。

湿
SHI
热
RE
证
ZHENG
治
ZHI
高
GAO
手
SHOU

84

薛
XUE
雪
XUE

大枣　生姜　葱根

洞庭山民不畏路远，来到苏州吴县扫叶庄，上门求药。薛雪行医不为钱财，看病不强求诊金，经常接济经济不好的穷苦人家，甚至定期施舍贫苦百姓。在诊断洞庭山人病情之后，薛雪了解到他们生活得并不富裕，便给他们开了三味药的方子。这三味药分别是：大枣三枚、葱根三个、生姜三片，次日将量改为二，再日将量改为一，这个汤方被称作三妙汤。洞庭山民服了薛雪的药剂后，他们的伤寒三日就变好了。这三味药不贵，既是食品也是药品，山民支付得起。因此，他们非常感激薛雪。

陆元宾先生因劳伤过度，经常出现吐血的症状，身体也日渐消瘦，有时还发寒发热，因此饮食日渐减少，偶尔还微有干咳。由于饮食减少，伴有吐血，他的身体变得越来越无力，人也不爱说话，不爱运动，经常一整天萎靡地或坐或躺在那里，一句话不说。家人请薛雪为他诊病，希望能为他治好劳伤过度引起的吐血病。薛雪为其诊治，细心把脉，辨舌，观察面色，诊视四肢，观其指甲颜色。在全部诊察过后，薛雪只开了一味药，那就是一根重二两的当归。将这只当归打碎洒在水中煎服。三剂过后，陆元宾豁然病愈，像得病之前一样健康。人们都说，薛雪只用一味药便治好了看似很危重的病，真乃神人也。

　　这一年冬天，薛雪接诊了一个病因很是有趣的患者。这个患者与他人赌气，一次吃了很多年糕。由于在负气的情况下，吃了很多，但是到了肚子里，却非常难以消化，时间久了就造成了结胸。赌气时贪图一时爽快，导致现在的结胸疾病。患者来找薛雪看病，薛雪知道他的得病缘由后，又根据自己诊察的症状，先给这个患者服用人参汤保护他的元气，再之后给他使用承气汤使其下之。这样在治病的同时保

当归

江南雪景

护了他的身体，不会在病后很虚弱。

又有一日，薛雪出诊归来，拄着他的铜杖，在街上不紧不慢地走着，向着家的方向一步一步挪动着，甚是悠闲。这时远处传来吹吹打打的声音，仔细一听，不知是谁家有亲人离世。渐渐地丧葬队伍近了，薛雪给丧葬队伍让开道路，看着这家人悲痛地送着离开的亲人，心里也五味杂陈。就在这时，薛雪看到走过的棺材后面留有一道血印，心想：这是怎么回事，便走上前去，询问了队伍末尾的人。原来这家人送走的是一个孕妇，不知因何缘由突然去世了。薛雪感觉哪里有问题，就站在原地思考：是哪里出了问题。突然薛雪想通了，风一般追上前面的丧葬队伍，并拦下丧葬队伍。他告诉这家人，他能救活棺材里的人，赶快开棺，在一而再再而三的劝说下，这家人终于同意开棺，让薛雪治疗。这时周围已经围了很多看热闹的人，薛雪招呼这家的女性围过来，挡住外人的视线，然后他为棺中女子针刺。不多时，棺中产妇诞下一子，且还活着，片刻后该女子也渐渐重新有了呼吸。仅靠针刺连活两命，这家人一开始都傻在了那里，不知这是真是假，直到薛雪大声呼喊，这家人才马上把棺中母子带回家中。瞬间丧事变喜事，而且算是双喜，一时之间轰动全苏州。百姓称赞薛雪真是志救苍生，名震

燕窝

湿热证治高手

SHI
RE
ZHENG
ZHI
GAO
SHOU

88

薛雪
XUE XUE
XUE

百鬼。

　　薛雪不只医治苏州本地及附近的病人，他的诊治范围还包括外国人。

　　苏禄国，是古代存在于现菲律宾苏禄群岛上的一个信奉伊斯兰教的酋长国。《清史稿》记载："苏禄，南洋岛国也。雍正四年，苏禄国王毋汉未母拉律林遣使奉表，贡方物。五年六月，贡使至京，贡珍珠、玳瑁、花布、金头牙萨白幼洋布、苏山竹布、燕窝、龙头、花刀、夹花标枪、满花番刀、藤席、猿十二种。赐宴赉赏，颁敕谕一道，令使臣赍回。定期五年一贡，贡道由福建。"

苏州留园

薛雪行医期间曾为苏禄国遣华特使契苾丹、副使阿石丹诊病。二位使臣来到中国后，也许是因为气候变化的原因，水土不服，一直咳嗽不停，甚至夜间都无法入睡。薛雪诊病后，用润降法治好了二人的久咳，自己也因此名扬海外。

这一个个案例都体现了薛雪救死扶伤、解决疑难杂证、勇于负责的精神。薛雪名噪医林，时至今日言者犹虎虎有生气。舒位在《乾嘉诗坛点将录》中说：神医，获得"九州传姓氏，百鬼避声名"的表扬。但是也因为他的这种性格使他的威信衰落。

1752 年，壬申年，住在枫桥的蔡辅宜因为天气炎热而中暑。蔡辅宜的家人邀请薛雪前来为其诊治，薛雪到了蔡府后见蔡辅宜眼睛紧闭，号脉又是一派沉脉之象，按之不着，又看见蔡辅宜的小妾站在一旁哭泣，

湿
热
证
SHI
RE
ZHENG
治
ZHI
高
手
GAO
SHOU
90
薛
XUE
雪
XUE

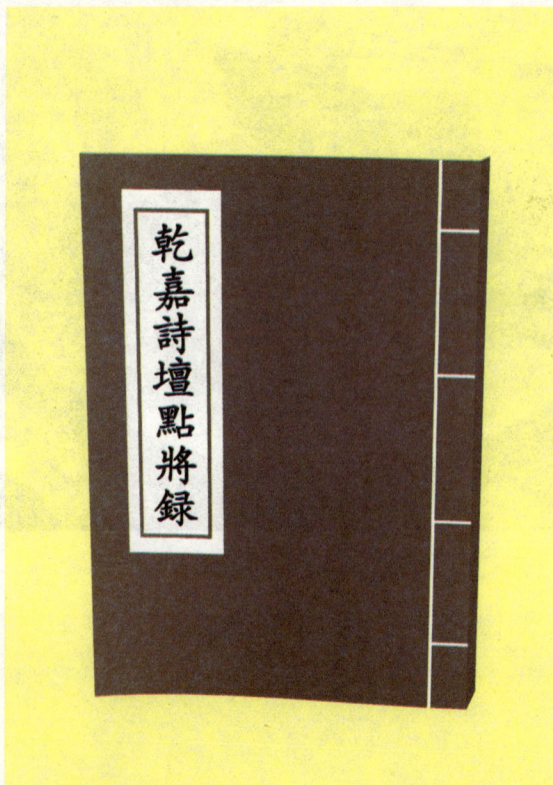

《乾嘉诗坛点将录》

薛雪便以为是虚脱所致，便给蔡辅宜开了一剂独参汤，然后便拂袖而去，走得甚是潇洒。家人煮好药刚要为蔡辅宜服药时，旁边的馆师冯在田极力劝阻，不让蔡辅宜吃这服药，说这服药药不对证，然后冯在田又重新为蔡辅宜开了一服六一散。蔡辅宜最终吃了六一散，之后蔡辅宜慢慢地苏醒过来，病情稳定之后又聘请常熟符姓医生前来诊治，医生诊治后开了清散药，蔡辅宜只吃了一服药病就好了，一切症状全无。因为此事，薛雪在医界的威信日渐衰落。

知识加油站

干支纪年法是中国历法上自古以来就一直使用的纪年方法。

干支是天干和地支的总称。把干支顺序相配正好六十为一周，周而复始，循环记录，这就是俗称的"干支表"。

甲、乙、丙、丁、戊、己、庚、辛、壬、癸等十个符号叫天干；子、丑、寅、卯、辰、巳、午、未、申、酉、戌、亥等十二个符号叫地支。

人参

第五章

不以医自居

薛雪虽一生成就无数，但是其医学成就盖过了其他所有成就的锋芒，可薛雪本人在他活着的时候并不愿意以医生自居。这里有社会因素，也有他本人的思想。因此，在他离世之后，至交好友袁枚因其孙子薛寿鱼的信而拒绝为其立传。

清乾隆三十五年（1770 年），清代温病四大家之一的薛雪辞别了人间，结束了他精彩的一生，享年九十岁。

薛雪一生编辑著作十余种，除《周易粹义》《祈桂山房诗存》《一瓢斋诗存》《旧雨集》《吾以吾鸣集》《抱珠轩诗存》《扫叶庄集》《唐人小令花雨集》《一瓢斋诗话》外，还有其曾孙口传唐大烈整理的《日讲杂论》八则等。薛雪这么多的成就，没有一个能盖过其医学上的成就。薛雪在医学上取得的成就之辉煌，远远超过了他在诗文书画和其他才艺上取得的成就。他以撰著《周易粹义》的功底研读《内经》，继而临证，他对医学的三大贡献在于著《医经原旨》，创湿热病学，并留下了《薛一瓢医案》一书。

《医经原旨》是薛雪研读《内经》及诸多注家，数更寒暑，在他七十三岁时（1754 年）才定稿刊行的。薛雪不畏先人，敢于正面指出先人在注解中远离主旨的做法，同时做到简明扼要点出文中主旨，而非长篇大论，去华存实，故命书为《医经原旨》。这也是传统医学治学思路的突破与创新。

薛雪的医案集称《薛一瓢医案》，又称《扫叶庄一瓢老人医案》，共一卷，记载有三十五个医案，作于 1764 年。其中有八则为医话体，是薛雪亲手所写，余者为后人所编。薛雪还是书法名家，医案也因书法被收藏，后来重版时得以补充，不同版本还有《扫叶庄医案》《薛氏医案》《苏州薛生白先生医案》不同书名。民国以后有《珍本医书

湿热证治高手
SHI
RE
ZHENG
ZHI
GAO
SHOU
94
薛雪
XUE
XUE

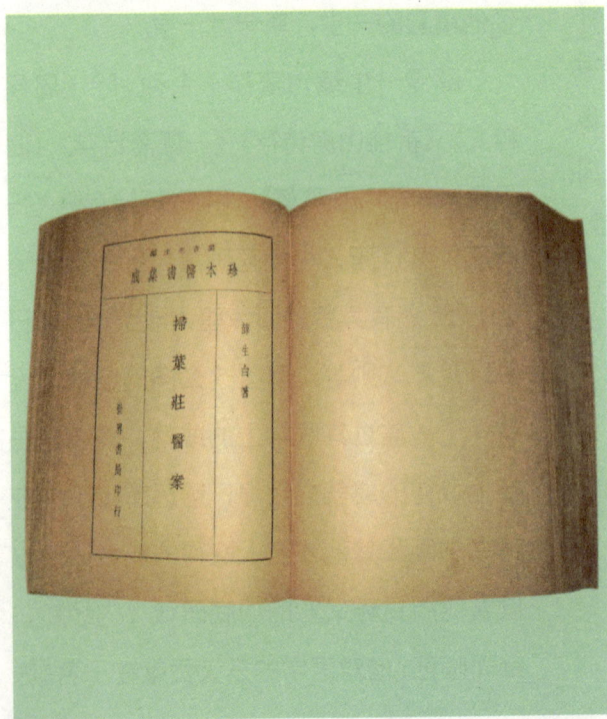

《扫叶庄医案》

集成》丛书收录的《扫叶庄医案》四卷、陆士谔编写的《薛生白医案》等。

薛雪也言医术"不可滞也",虽不屑以医自居,不专于著医书,但很重视医术传承,有子孙也有弟子将其医术发扬光大。其子薛景福,其孙薛承基(字公望,号性天),其重孙薛启望(字学敏)等都是名医,也有著述。名医曹仁伯就是薛承基的弟子,其弟子还有邵登瀛(字步青)、吴坤安、金锦、王丹山等,皆有医名。其中邵登瀛又传子邵鲁瞻,孙邵春泉,曾孙邵杏泉(字炳扬,又名文学),再传第四世孙邵景康、邵景尧兄弟,也即吴门医家。邵杏泉向带艺投师的方仁渊授学。此前,方仁渊曾向无锡名医王旭高求学。方仁渊除整理《王旭高临证医案》外还著有《倚云轩医案医话医论》。薛门后世传承不绝。堂弟云楼受先生熏陶,以文学素称。子中立(字不倚)、仪(早逝),侄金(字贡三),

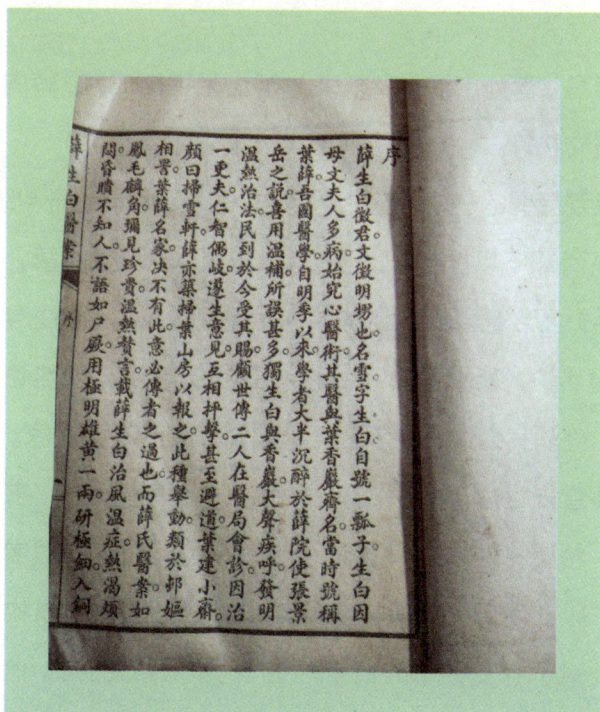

湿
热
证
治
高
手
SHI
RE
ZHENG
ZHI
GAO
SHOU

96

薛
雪
XUE
XUE

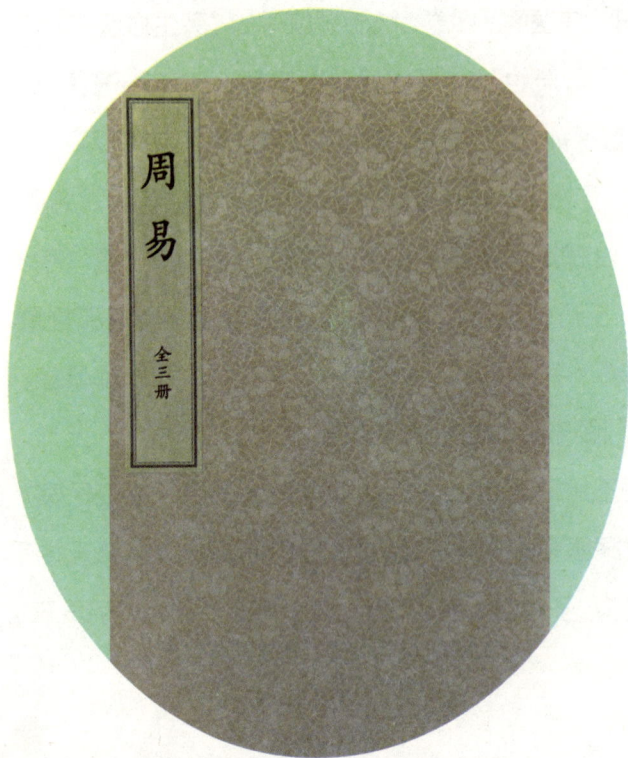

《周易》

孙薛寿鱼，曾孙启潜（字东来），学士无突出成就，转向经商，卖画、收售金石文物等。

纵观薛雪的一生，他生于福地，家世富赡，精研《周易》，允文允武，医德高尚却不以医自居，虽放诞自命，却真意诚挚，宅心纯正。《一瓢诗话》至今慧泽研究诗的学人，可以垂世。温病之学，虽是竟其绪，但创湿热论，所谓与叶不相能，乃是温热论与湿热论之不同，薛对湿热病，身鼎其会，贡献不泯。他是诗家，更是大医家。

薛雪去世后，薛雪的孙子薛寿鱼到南京随园，求袁枚为其祖父写行状，希望将他的祖父置诸理学家行列，在众多理学大家中抢占一席之地，因此闭口不谈其祖父精通"方技"之事。袁枚作为薛雪的忘年之交，对于老友孙子的请求，给予了严厉的回信。信中写着：明明天

袁枚随园遗址——今南京师范大学随园校区

湿
热
证
治
高
手
SHI
RE
ZHENG
ZHI
GAO
SHOU
——
98
薛
雪
XUE
XUE

生是一位不朽的人物，可是他的儿子或是孙子却一定要把他推入必然朽灭的地方！这就是我为此忧愤和悲伤的原因啊！不朽的人与事物，并不一定是像周公和孔子那样的人物，后羿的射技、奕秋的棋艺、俞拊的医术等，都是可以成为不朽的。假如一定要等到出了像周公和孔子这样的人物才能成就不朽的话，那么从古到今哪有那么多像周公和孔子一样的人物呢？

你的祖父一瓢先生，是一位确确实实的不朽的医生，在高寿的时候不幸去世了，我正想着要收集记述他的概要事迹，使他永传不朽呢，没想到，你给我寄来的墓志铭中竟然没有一个字涉及医学，反而把他

鱼米之乡

依附到陈文恭先生讲论理学一类的事情记录当中。唉！从此一瓢先生就要不被传扬了！要被淹没了！

任何学问都贵在身体力行，而不在于口头讲论。神圣的学问没有哪一种比得上仁学的了，先生能够凭着他的医术施爱于大众，使他们没有因病而造成早死的不幸，这就是孔子所说的"老人，要使他们晚年安心；年轻人，要使他们归向仁学"的学问啊！从自己的现实地位和情况出发实践仁学，有什么比这更为高尚呢？！何必舍弃这个去追求别的东西呢！王阳明功勋卓著，胡世宁还讥笑他多了一项讲论理学的事情；文恭先生照样从事它，在我的心里却依旧认为是不对的。然而，

江南冬景

薛雪著作《医经原旨》

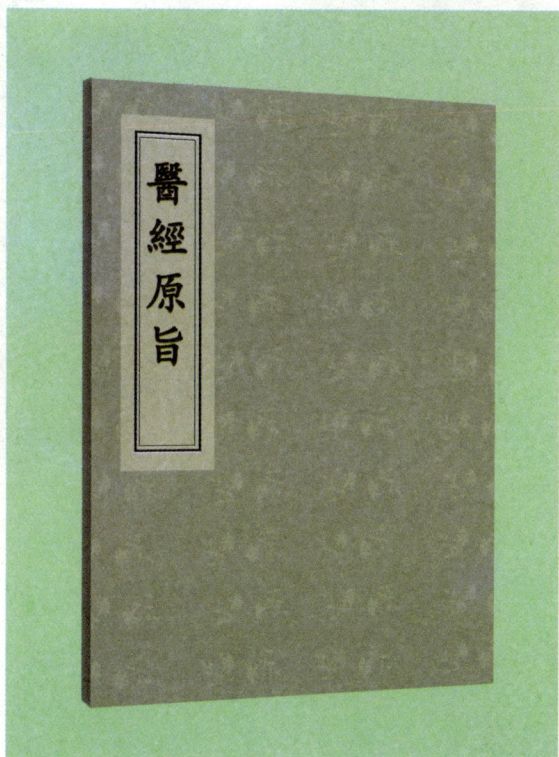

文恭，是位高官；你的祖父，是位平民。高官要是借助平民抬高自己，名声就会很好；可是平民要是依仗高官使自己的地位显得尊贵就太浅薄了。如果拉住路上的人问他说：一瓢先生不是名医吗？即使是你的仇人，也不会有不同的意见；再问他说：一瓢先生大概是位理学家吧？即使你的亲人，也会有相同的意见。你不用人们都相信的事实给先人立传，却用人们都怀疑的事实给先人立传，只怕是因为"技艺上的成就位次在下"的说法而去做那计较名位的事了吧？！其实，技艺就是仁道中有实践特点的学术啊！精心探求技艺，哪种技艺不属于仁道？！若只表面上符合仁道，则仁道和技艺两者都会被丢弃。燕王哙和子之哪曾没有依托尧舜禅让的故事来宣扬高尚？！可是最终却被木匠与造车之人嘲笑。医术作为一门技艺，不能轻易谈论；神农氏开创了它，黄

湿热证治高手

SHI
RE
ZHENG
ZHI
GAO
SHOU

04

薛雪
XUE
XUE

薛雪著作《温热条辨》

帝光大了它，周公让家宰兼管着它，其中的道理一直通向神圣的境地。

如今天下名医绝迹而讲论理学这一类的人仍然没有绝迹的原因是什么呢？医疗的效果会立即表现出来，所以名医在一百个医生中也没有一个；理学讲论之时没有依据，所以浅薄的儒生到处都是。你不把先人尊奉到百无一人的人物当中，却反而使他被贬低到了到处都是的人们当中，真是大错特错啊！

我从前患了病，且病得很重，生命已处于危险之中，那时即使有十位周敦颐、程颢、程颐、张载、朱熹这样的理学家又有什么帮助？！可是独独先生能用药物使我活命，这就是我从心里折服而且实在地认为他是不朽之人的原因啊！料想此时有可以用来救助世人、使世人长寿的奇特医案和良方，要是记述下来并使之流传下去，则定会高出程朱"语录"的陈腐言论极其之多。可是你竟然忌讳而不愿宣扬，甘心舍弃你祖父神奇的医学成就，把他依附到臭腐的理学之中。这样，理学界未必能够增加一个虚假的席位，医学界却反而失去了一位真正的人物。难道不荒谬吗？！难道不令人感到痛惜吗？

袁枚在给薛寿鱼回信时，也就回绝了给薛雪立传的请求，这让无数认识薛雪，知道薛、袁二人友谊的人大感遗憾。

难道薛寿鱼不知道其祖父在医界的名望吗？不知道其祖父与袁枚的深厚关系，以及袁枚对其祖父医学成就之推崇吗？他为什么敢"冒天下之大不韪"，在袁枚面前对其祖父的医学事迹避而不谈呢？

其实，这一切的责任不在薛寿鱼，而在他的爷爷薛雪！薛雪生前就不愿以医生自居，可能在弥留之际特意叮嘱了他的后人要牢记这一

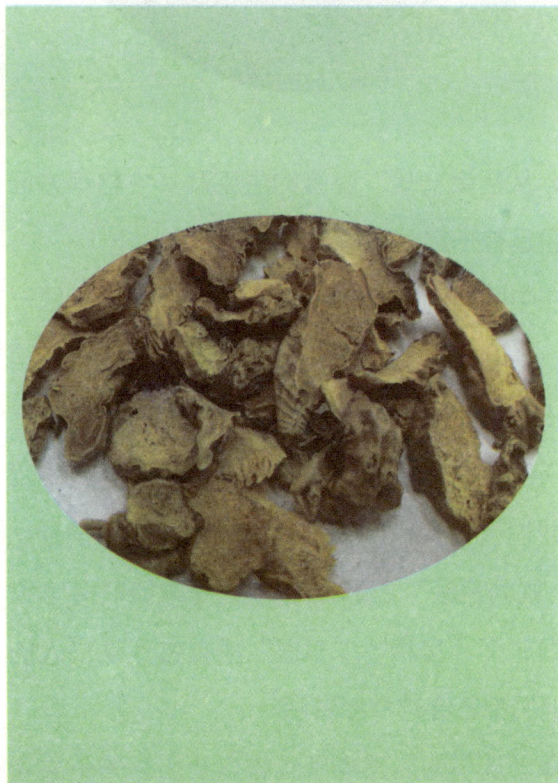

射干

湿
热
证
治
高
手

SHI
RE
ZHENG
ZHI
GAO
SHOU

106

薛雪

XUE
XUE

玄参

点吧。从社会背景、薛雪的生平及其性格等方面分析，薛雪不愿意以医自居是有一定原因的。

　　在中国古代整个的封建历史时期中，行医一直都只是众多技艺之中的一种，医生并没有什么显赫的社会地位和声望。在中国古代儒家思想占统治地位的封建社会中，"万般皆下品，唯有读书高"和"学而优则仕"的思想对人们影响深刻，几乎所有的读书人都热衷于功名，希望通过仕途光大门楣，光宗耀祖，福荫子孙。即便后来有了"不为良相，则为良医"之说，那也不过是未能取得功名之人的无奈之举罢了。如果同时把"良相""良医"摆在古代读书人的面前，相信只要有个机会他们都不会选择后者吧。

　　薛雪从小的启蒙老师杜睿以及后来的诗文老师叶燮，都曾是中国

苏州博物馆

苏州拙政园

古代科举的应试者。薛雪的师兄沈德潜是乾隆时期的著名词臣，薛雪的至交好友袁枚，乾隆四年（1739 年）中进士。薛雪本人在名落孙山之前也一直追求功名利禄，尽管当时已经涉及医学。他一直追求到半百人生——知天命之年才最终放弃科举，转而潜心医学。即使如此，薛雪依然笔耕不辍，不曾放弃文学创作，也不愿以医生自居。由此可以看出，薛雪的"功名"之心和"仕途"之望也是很重的。虽然薛雪最终没有走入仕途，但除了上文说的各方面的成就外，薛雪还交友甚广，同诗文大家卢见曾、郑板桥、王应奎等均有往来，更是与性灵诗派代表人物袁枚结为忘年之交，这足以说明薛雪当时已经跻身"名流"。既然已是社会名流，当然不愿以医自居了。还有，袁枚在《随园诗话》卷五言薛雪"性孤傲，公卿延之不肯往"。公卿延之，原因不外乎两个：

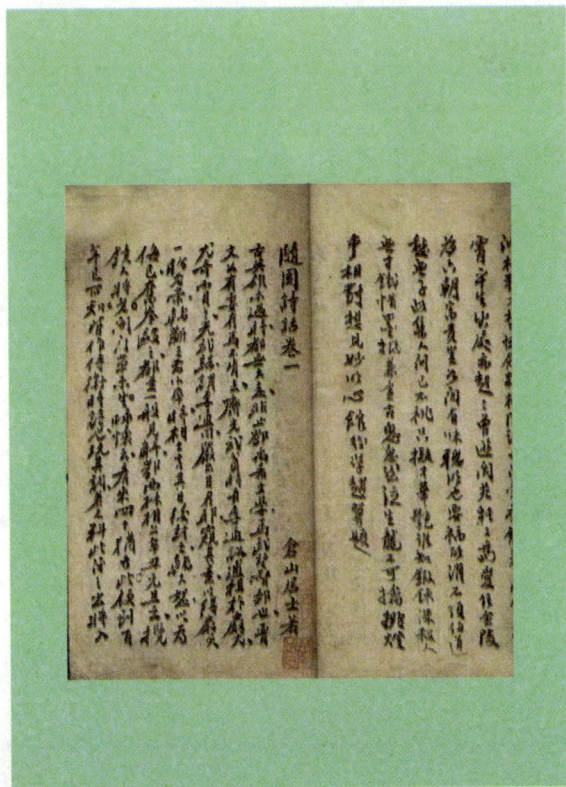

《随园诗话》内文

一是想与他交往，二是请他诊治疾病。与他交往尚且不肯，更何况去诊治疾病？大凡读书人都有股子"恃能厌事"的傲气，更何况已属名流的薛雪！为公卿看病，在薛雪看来意味着低声下气为别人服务，去伺候别人，他自然不愿意。可是人家毕竟是公卿，是权贵，你是一个医家，医家的职责就是治病救人，请问你又如何傲而不往？所以还是不以医自居为好。

薛雪也对当时医界的种种弊端有着自己的看法，有时甚至极为不满，因此也就不愿同流合污"以医自见"了。薛雪曾在洞庭东山与苏州

湿
SHI
热
RE
证
ZHENG
治
ZHI
高
GAO
手
SHOU

110

薛
XUE
雪
XUE

另一名医徐灵胎相遇，并以一首五律赠之："相值东峰下，眼看鬓欲霜。年华共流转，意气独飞扬。四座惊瞻顾，连城且蕴藏。如余空说剑，无路扫欃枪。"

徐大椿（1693—1772 年），原名大业，字灵胎，号洄溪，江苏吴江人，清代名医。其对《周易》《道德》《阴符》，以及天文、地理、音律、技击等无不通晓，尤精于医，初以诸生贡太学，后弃去，往来吴淞、震泽，专以医活人。

洞庭山相会时，两位医家都已是垂暮之年，久别重逢，相看白发

湿 SHI
热 RE
证 ZHENG
治 ZHI
高 GAO
手 SHOU

112

薛 XUE
雪 XUE

《庄子·说剑》

染鬓，感慨颇多。当看到徐灵胎依然意气飞扬，其慷慨的言论依然让四座震惊、瞠目相顾时，薛雪不禁有些悲凉，对医界的弊端，自己虽然与徐灵胎抱有同感，但自惭未能像徐氏那样在救弊方面敢言敢行，发挥巨大作用，因而才有"如余空说剑，无路扫欃枪"的感慨。"欃枪"是彗星的别称，即天欃和天枪，古人认为这是两种妖星，在诗中用来比喻当时让薛雪反感的一些医德医风。他借用庄子和赵文王论说剑道的故事表达了自己的抱负以及无奈的苦闷。庄子与赵文王论说剑道见于《庄子·说剑》，庄子用天子剑、诸侯剑、庶人剑说明剑道，指出赵文王有天子之位却爱庶人之剑的浅薄，因而受到赵文王的款待和赏识。

"连城且蕴藏"是对徐的忠告，劝说他要含蓄，锋芒不要太过显露，否则会像卞和献璧那样惹祸上身。

　　既然对医界的不良现象已经心灰意冷，薛雪又怎能自命为医！袁枚写了《与薛寿鱼书》，对薛寿鱼荒谬的做法大加批评，认为他乃是"不以人所共信者传先人，而以人所共疑者传先人""甘舍神奇以就臭腐"，但薛寿鱼谨遵祖父之嘱，又处在理学鼎盛时期，概述其祖父事迹时"无一字及医"而将其置身于理学，也算情有可原吧！

知识加油站

四书五经

　　四书：《论语》《孟子》《大学》《中庸》。

　　五经：《诗经》《尚书》《礼记》《周易》和《春秋》。

　　儒家：又称儒学、儒教、孔孟思想、孔儒思想，起源于中国，由孔子创立，脱胎自周朝礼乐传统，以仁、恕、诚、孝为核心价值，着重君子的品德修养，强调仁与礼相辅相成，重视五伦与家族伦理，提倡教化和仁政，轻徭薄赋，抨击暴政，力图重建礼乐秩序，移风易俗，保国安民，富于入世理想与人文主义精神。

《诗经》《尚书》《大学》《中庸》

后记

薛雪，清代著名温病医家，温病四大家之一，诗人，明清温病学发展的重要人物。在其身后几百年的时间里，中医经历过黑暗，最后走到如今的繁荣景象。想要推广优秀传统文化，推广中医，就要了解中医，了解其发展的大概过程。

悠悠中华上下五千年。作为世界四大文明古国之一，中国历史悠久，幅员辽阔，地大物博，中国文化更是博大精深，名扬四海，遍地开花，无数优秀的传统文化传承至今，服务百姓。中国传统医学，也就是我们常说的中医，就是这无数传承下来的优秀的传统文化之一。

"中医"一词最早见于《汉书·艺文志》，指中等水平的医生。后来"中医"一词有两方面意思，一是意为切中医理，二是作为名词的"中医"。"中医"作为名词时有古今两种含义，古义指中等水平的医生或医术，并引申为普通医生或医术的意思；今义指中国原有医学或从事中国原有医学的人，一般是指由古代中国汉族劳动人民创造的以传统医学为主的医学。中医学曾有"岐黄""华医""旧医""国医""汉医"等异名，中医的医生古今也曾用名颇多，如郎中、大夫、先生、明医、名医、儒医等。

我们现在所说的中医，是相对西医而言的。

湿
SHI
热
RE
证
ZHENG
治
ZHI
高
GAO
手
SHOU
——
114
——
薛
XUE
雪
XUE

《西医略论》

《西医略论》

"中医"这个名词真正出现是在鸦片战争前后。东印度公司的西医为区别中西医给中国医学起名中医。文字上今义"中医"一词，已知最早的见于1857年在上海出版的合信《西医略论》。此后"中医"作为中医学的简称，开启了我国中医、西医二元格局中指称中国传统医学的新时代。而"中医"作为法定称谓，应该是1936年1月22日国民政府训令公布的《中医条例》。该条例与1930年《西医条例》相对应，正式确立了传统医学的法定称谓，昭示国家从法律上承认中医是与西医并存的医学。

在中医的系统里还有上医、中医和下医一说。有这样一句话"上医治未病，中医治已病，下医治大病"。这句话的由来还有一个小故事，

湿
热
证
SHI
RE
ZHENG
治
ZHI
高
GAO
手
SHOU

——

116

薛雪
XUE
XUE

沉香

这个故事是关于另一位生活在春秋战国时期的非常厉害的中医医家的故事。据说有一次，魏文王问扁鹊："你们家兄弟三人，哪一个医术最高？"扁鹊回答："长兄的医术最高，仲兄（二哥）次之，我最差。"魏文王接着问："为什么这么说呢？你能说得明白一些吗？"扁鹊回答说："我长兄治病，是在病症还未表现之时就把病治好了，所以他的医术只有我们家人才知道，他的名气根本传不出去。我仲兄治病，是在病情初起之时就把病人治好了，一般人以为病人得的只是小病，所以他的名气也不大，只有本地人才知道。而我扁鹊治病，是在病情严重后才治，别人见我割肉切骨，动作颇大，就认为我医术最高明，我也因此而闻名于天下。其实，比起我的长兄与仲兄来，我的医术是最差的。"故事的要义，可以概而言之为：上医治未病，中医治已病，

中药材

下医治大病。

中医学是研究人体生理、病理以及疾病的诊断和防治、养生和生命本质等内容的一门学科，是世界医学科学的一个重要组成部分。中医中药，是中国古代先民在长期的生产生活中和与疾病做斗争的过程中所取得的极其丰富的经验总结，也是无数代医家的临床经验总结，是用无数人的生命换来的宝贵经验，是中华优秀的传统文化之一。

中医产生于原始社会，神话中就有神农尝百草之说。在春秋战国时期，中医已初具雏形，出现了和现代相似的分科，并采用"四诊"诊治疾病。"四诊"也就是现在我们经常能听到的"望、闻、问、切"。其治疗方法有奥运会时被世界称为"东方神术"的拔罐，还有针灸、汤药等。中医代表人物有上文提到创造四诊的扁鹊，生活在东汉末年的医圣张仲景，还有同样生活在东汉末年，四大名著之一《三国演义》提到的神医华佗，他精通外科手术，并以麻醉名闻天下，创造了"麻沸散"，还有健身体操"五禽戏"。到了唐代有药王孙思邈，之后以刘完素、张子和、李东垣、朱丹溪等"金元四大家"为代表的河间学派、易水学派等中医流派相继出现。再之后是明代后期药圣李时珍的《本草纲目》问世。直到现在，《本草纲目》

仍被世界所熟知。

　　中医从最初的巫医跟随历史一路发展到了清代。至清代，中医基本上已经成熟完善，与现代中医相差无几。清代中医百花齐放，名家辈出，如温病四大家"叶桂、薛雪、吴瑭、王士雄"等。中医在发展过程中更是走出国门，对汉字文化圈国家影响深远。如日本汉方医学、韩国韩医学、朝鲜高丽医学、越南东医学等都是以中医为基础发展起来的，并为各国人民带来健康保障。

　　本书主要通过介绍薛雪由儒入医的经历和他的部分医案故事，以及他人对薛雪的认识，展现这位博学多才，在温病学湿热证治方面有

湿热证治高手
SHI
RE
ZHENG
ZHI
GAO
SHOU
120
薛雪
XUE
XUE

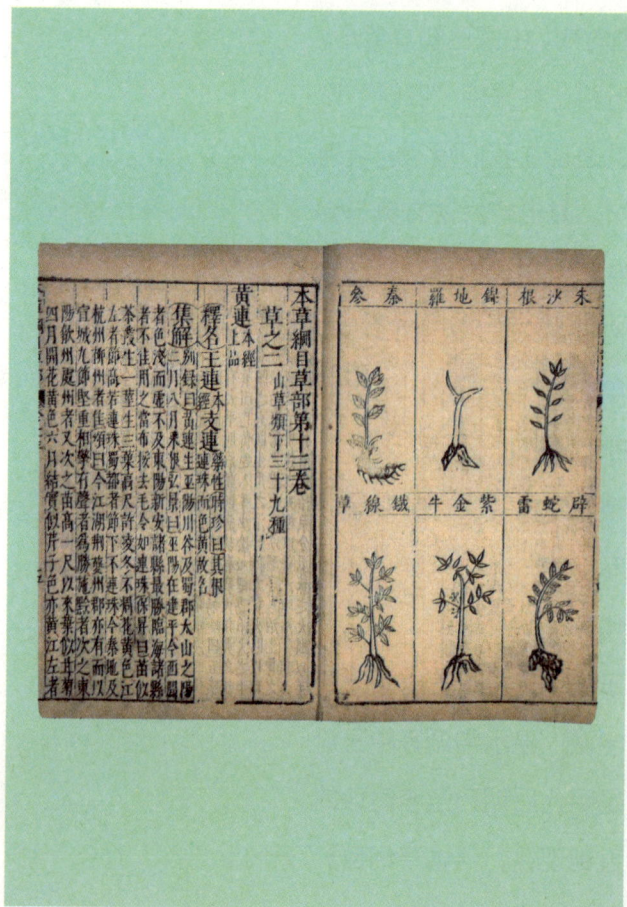

《本草纲目》

《伤寒论》

独特思想的清代名医的风采。薛雪本人所著著作并不多，其医案更是简洁明了，部分著作均是后人整理，由此可见薛雪的医学成就甚高。薛雪的成就有一部分是由历史所造就的，明清时期江南地区发生多次瘟疫，瘟疫在中医中从一开始的《伤寒论》，发展到明清的温病，病因病机不断变换。因此产生了温病学，也产生了很多温病学家。

由于作者本人对于中医也是初涉皮毛，对中医文献方面也是刚刚入门，对于文学创作更是头一次，因此在整理创作的薛雪一书中还存在诸多不足，望批评指正。